LES MOTS LES PLUS DRÔLES DU GÉNÉRAL DE GAULLE

PERSIFLATOR

Les Mots les plus drôles du général de Gaulle

Préface de Constantin Melnik

Albin Michel

22 rue Huyghens, 75014 Paris

ISBN 2-226-07571-2

Préface

Lorsque, il y a plus de trente ans, mon ami Ernest Mignon publia, en plein règne gaullien, *Les Mots du Général*, ce recueil d'anecdotes acerbes et de répliques cinglantes fit sensation. Les journaux s'en emparèrent, du *Canard enchaîné* à *Candide*. On ne connaissait jusque-là de De Gaulle que des interventions pompeuses à la télévision et des conférences de presse souveraines à allure de grand-messe. Entendre les imitateurs – c'était l'époque d'Henri Tisot – scander des mots de comique troupier de l'Histoire provoqua une onde de choc dont les spectateurs contemporains des « Guignols de l'info » peuvent difficilement imaginer l'ampleur. Un crime de lèse-majesté avait été commis et la basse-cour gaulliste caqueta, d'autant plus indignée qu'elle était souvent fustigée. Le Roy lui-même, lors d'une apparition devant les gazetiers, proclama qu'il ne ferait pas de mots car « certains en vendaient ».

Le pire était à venir. Trois ans plus tard, en 1965, Ernest Mignon récidivait en rédigeant *Les Nouveaux Mots du Général.* Le livre était prêt à être tiré, imprimé déjà sur épreuves et illustré par Jacques Faizant, lorsque les gaullistes s'émurent. L'élection présidentielle opposant François Mitterrand et Jean Lecanuet à Charles de Gaulle approchait, et l'éditeur, cédant en toute simplicité aux injonctions du pouvoir, s'empressa de renoncer à la publication d'un brûlot qui déplaisait au Roy. On oublie trop aisément l'obscurantisme de ces temps-là où la censure, le contrôle de la télévision et les poursuites pour insulte au chef de l'État faisaient partie de mœurs qui n'avaient rien de républicaines.

Un quart de siècle plus tard, le scandale étonne. Que le général de Gaulle fût un amateur de bons mots est maintenant admis par tous. Ses discours et messages, voire les Mémoires, fourmillent de formules à l'emporte-pièce. Le « quarteron », le « tracassin » ou le « volapük »... Chaque courtisan exhibe un ou deux « mots » dans les souvenirs sirupeux que lui inspire sa rencontre avec Dieu. Pour le vingtième anniversaire de la mort du Prophète, un « gaulliste de gauche » – espèce en voie d'extinction si elle avait jamais existé –, Jean-Michel Royer, en a même publié un agréable recueil sous le titre délicat *Les Petites Malices du Général*[1], et, en exergue, cet extrait d'une « chanson napoléonienne » : « Parlez-nous de lui, grand-mère, parlez-nous de lui. » Iconoclaste du vivant du Grand Sorcier, la collecte de ses mots relève aujourd'hui de l'imagerie d'Épinal.

Je ne puis donc que me réjouir de l'initiative de Persiflator dont le seul nom, déjà, n'incite pas à l'idolâtrie. Ne cherchant qu'à divertir, n'a-t-il pas eu la bonne idée d'effectuer un tri dans *Les Mots du Général* d'Ernest Mignon, parus il y a plus de trente ans, que l'on ne trouve plus que dans certaines boutiques de livres anciens ? Il a enrichi, ensuite, cette sélection des trouvailles effectuées durant un quart de siècle par les archéologues de l'humour gaullien. Enfin, il a tiré, d'un néant où le Roy et sa Cour avaient voulu les enfermer à jamais, *Les Nouveaux Mots du Général* censurés en 1965. Largement inédit, aussi complet que possible, un nouveau livre est né, qui me semble porteur d'une certaine salubrité. L'humour n'est-il pas l'une des clés de la connaissance du monde ?

Comme je le raconte dans *Un espion dans le siècle*[2], il m'a été donné, au cours d'un épisode d'une vie mouvementée, de servir le général de Gaulle durant les trois années les plus dures de la Cinquième République naissante. Les soubresauts sanglants de la guerre d'Algérie pouvaient faire craindre que tout l'édifice s'écroulât dans un séisme à la mesure des espoirs qu'avait suscités le retour au pouvoir en mai 1958 de l'homme du 18 Juin. Homme d'État d'exception secrété par les profondeurs de notre Histoire, Charles de Gaulle s'appuyait sur la confiance populaire que lui octroyait son héroïque combat à Londres, durant une épopée sur laquelle il ne viendrait à l'idée de personne de persifler. Il avait doté la France des institutions indispensables à un grand pays et s'était fixé comme objectif de débarrasser une République généreuse de son fardeau colonial, la faisant ainsi entrer – peut-être sans le vouloir – dans une économie mondiale alors en pleine expansion. Il ne nous restait, à l'Hôtel Matignon, qu'à essayer d'imposer une solution honorable en Algérie où vivaient un million des nôtres et à empêcher que les oppositions des uns et des autres ne plongent le pays dans la guerre civile. Chargé du commandement des services secrets et de la coordination des polices, je crois avoir été, durant ces années infernales, un « gaulliste de raison » – luttant en faveur des solutions qui me paraissaient les plus conformes à « une certaine idée » que je me faisais tant de la France que de Charles de Gaulle.

La démarche des « gaullistes de cour » qui nous succédèrent dès la fin de la guerre après avoir orchestré le retrait déshonorant d'Algérie se situe aux antipodes. A la différence des « gaullistes d'adoration », tout aussi dangereux pour les libertés car leur seule caractéristique, voyez André Malraux, est la dévotion aveugle à un homme assimilé à Dieu, le gaulliste de cour ne pense qu'à sa carrière. Il ne réfléchit pas à la meilleure manière de résoudre un problème mais uniquement à la façon dont il parviendra, au poste qu'il a réussi à décrocher, à capter la faveur du Prince. Je ne citerai pas de noms, tant sont fréquentes les exhibitions de personnages qui n'exercent comme seule profession que celle de « ministre du général de Gaulle ». Le discours public du gaulliste de cour, sûr de lui et de son destin, ne consiste pas non plus à expliquer la politique mais à proclamer à tout instant – ce qui flatte également le Roy – la nature sacrée du pouvoir gaullien.

Les conséquences sont désastreuses. Au lieu de procurer au chef de l'État les différents choix à partir desquels pouvait s'exercer son surprenant génie, le gaullisme de cour a enfermé le général de Gaulle vieillissant dans les maux contre lesquels le pays s'est soulevé en mai 68 : la loi et l'ordre moral, le conservatisme et l'intolérance, le mépris de l'homme et les barbouzeries en tout genre, l'arrogance et la gesticulation sur la scène internationale. On imagine l'héritage ainsi laissé à nos modernes vedettes, Chirac, Séguin ou Pasqua, d'un gaullisme qu'on peut appeler « de captation ». Édouard Balladur pose un problème différent. Grâce au talent unique de Charles de Gaulle, la stabilité des institutions, l'indépendance nationale, la prospérité économique et le progrès social sont désormais des possibilités offertes à tout homme politique de valeur. François Mitterrand l'a montré à satiété et, si l'on écarte la douteuse mythologie de « l'homme providentiel », les quatorze années de sa présidence auront une tout autre résonance que le bref règne de Charles de Gaulle entre 1963 et 1969. La spécificité de notre actuel « gaullisme de captation » n'est donc plus que la pêche aux voix au nom d'un de Gaulle transformé en Dieu Vivant par ceux qui ne l'ont même pas connu et sous la bannière d'ectoplasmes idéologiques dont on aimerait qu'ils ne fussent que flous tant les habitudes d'arrogance, de gesticulation et de barbouzerie sont difficiles à évacuer. Si le « gaullisme » se réduit à M. Charles Pasqua, j'aurais préféré avoir servi Confucius.

Or, depuis un quart de siècle, les gaullistes de cour et d'adoration ont été seuls à avoir la parole. André Malraux a écrit *Les Chênes qu'on abat*, le dernier des courtisans a rédigé d'édifiants Mémoires. Pour bâtir sa monumentale mais baroque biographie de Charles de Gaulle, Jean Lacouture n'a fait appel qu'à leur unique témoignage, comme on ne voit que leur contentement de soi dans les reportages et débats télévisés consacrés au plus illustre des héros de notre histoire contemporaine. De Gaulle est Grand et ils en ont été les Prophètes. « Le Général », comme ils disent, est infaillible. Jamais l'erreur ou la faiblesse n'ont été présentes au sommet du Sinaï sur lequel ils recueillaient, éblouis, les Tables de la Loi. Les mots prêtés au Dieu Vivant par ses courtisans, les perles enfilées avec amour par ses zélateurs sont viciés par cette divination. Et, devant ces sucreries saint-sulpiciennes, je comprends mieux la volonté de présenter au public un recueil qui ne se veut que drôle et dont le sacré, l'adulation et la flagornerie seraient délibérément exclus.

Des choix ont donc été accomplis. En attendant son retour au pouvoir, de Gaulle fait le tour de l'Afrique entouré de ses laquais. Un soir, au mess de son paquebot, il s'adresse à Olivier Guichard : « Prenez donc de la soupe, Guichard. » Tous les amateurs de *Gaulliana* (Ernest Mignon qui justifie ainsi son pseudonyme, Guichard lui-même bien entendu, Jean-Michel Royer) reprennent l'intéressant propos, y ajoutant même une cruciale précision : « On ne réforme pas un pays qui ne mange pas de soupe. » On ne trouvera pas cette bondieuserie dans le présent recueil.

Enfant, le futur sauveur de la patrie jouait aux petits soldats avec ses frères. Durant sa « traversée du désert », il raconte à Olivier Guichard qui n'en a pas encore digéré l'extase :

– Pierre était l'Italie, Jacques l'Autriche. Quant à moi, excusez-m'en, j'étais toujours la France.

Cette réminiscence, plus révélatrice que drôle, ne figure pas non plus sur la palette de Persiflator, même si le pieux Jean-Michel Royer note que « cet ana fut particulièrement cher à André

Malraux qui [...] voyait dans les trois mots "excusez-m'en" l'une des choses les plus jolies et les plus profondes que notre héros aient dites[3] ».

Il sera également inutile de chercher d'autres mots, appréciés, pourtant, par les gaullistes de cour.

« De Gaulle : Alors, votre emprunt, comment allez-vous l'appeler ?

« Giscard : La tradition, mon Général, veut que les emprunts portent le nom des ministres des Finances qui les ont lancés : voyez l'emprunt Pinay.

« De Gaulle : Ah, *emprunt Giscard d'Estaing*. Soit !... (*Un temps*)... On ne peut pas dire que ce ne soit pas *un beau nom d'emprunt*[4]. »

« Cet ana, qui fit fortune à partir de 1963, note pudiquement Jean-Michel Royer, relève de la légende. » Je pense, moi, connaissant la confrérie gaulliste, qu'il a été fabriqué de toutes pièces afin de blesser et de nuire.

Est-ce à dire que tous les mots collectés par Persiflator sont authentiques et rendent parfaitement compte de l'humour si particulier – féroce, ravageur, décapant – du général de Gaulle ? Je n'en sais rien. La Cour vit, pâmée devant son Roy. La Cour bruit de petites rumeurs et d'infimes intrigues. Aucun Saint-Simon n'y trouverait sa pâture.

Certains mots que colporte sa médiocrité sont vrais. D'autres sont inventés par ses soins malveillants. Persiflator m'a confié n'avoir retenu que ceux qui l'ont fait rire. Mais, également, les mots qui paraissent, même si un doute persiste, *vraisemblables*. Un faussaire inspiré ne parvient-il pas à restituer l'esprit d'un maître ? Et Voltaire n'a-t-il pas noté que les mots prêtés aux personnages illustres sont « un champ resserré ou l'on glane après les vastes moissons de l'Histoire » ?

Constantin Melnik

Mode d'emploi du livre

« Ces "histoires" doivent être moins lues que *vues* et *entendues*. Le chœur classique des confidents n'est là que pour servir de musique de fond au récital d'un homme seul. Il convient donc d'imaginer l'allure et de restituer le ton de celui-ci.

a) Prenez une voix caverneuse.
b) Parlez lentement en détachant et en scandant les mots.
c) Appuyez sur les dernières syllabes.
d) N'hésitez pas à modifier les règles de l'accent tonique.
e) Marquez de longues pauses.
f) Rengorgez-vous.

Normalement, ça doit marcher [1]. »

Jean Cau

I

De Gaulle dans l'Histoire

L'homme de Londres

14 juin 1944. Pensif, de Gaulle arpente la plage de Courseulles. Moment historique ! Le rebelle foule en vainqueur la terre de France... Timidement, ses compagnons essaient de briser le silence dans lequel il s'est emmuré depuis son départ des côtes anglaises. Soudain, quelqu'un croit avoir trouvé la bonne phrase à dire :

– Mon général, avez-vous songé qu'il y a quatre ans, jour pour jour, les Allemands entraient dans Paris ?

La statue qui marche grogne :

– Eh bien, ils ont eu tort[1] !

■

Vingt mois plus tôt, les Américains n'avaient pas jugé bon d'avertir de Gaulle qu'ils débarquaient en Afrique du Nord.

En pleine nuit, un officier de la France libre estime, lui, que l'importance de l'événement l'autorise à aller tambouriner à la porte du Général.

– Qu'est-ce que c'est ? fait une voix ensommeillée.

– Mon général ! Mon général ! Ce sont les Américains qui viennent de débarquer en Afrique du Nord !!!

– Eh bien ! J'espère que… Vichy va les foutre à la mer ! On n'entre pas en France comme des voleurs[2]…

■

6 juin 1944. L'heure est historique et exaltante. Une ombre plane pourtant sur « le jour J » : une fois de plus, de Gaulle n'est pas dans le coup. Cette fois, les Américains l'ont averti mais *in extremis*. Est-ce suffisant ? Un courageux – c'est l'époque – se jette à l'eau.

– Et ce débarquement, mon général ?

De Gaulle réfléchit.

– Le débarquement ? Eh bien, les Boches sont des gens sérieux…

Horreur incrédule des Français libres. De Gaulle reprend :

– Les Boches sont sérieux. Eisenhower est boche. Allez, il le réussira, *son* débarquement[3]...

■

Dix-sept ans sont passés. De Gaulle est revenu au pouvoir et les autres chefs d'État sont heureux de recueillir les souvenirs du dernier grand homme de la Seconde Guerre mondiale.

Au cours d'une réception sublime à l'Élysée, la rayonnante Jackie Kennedy bombarde son hôte de questions.

– Vous, général, qui avez connu tant de personnages intéressants, quel est celui qui avait le plus grand sens de l'humour ?

Le Général toise sa jeune invitée :

– Staline, madame !

■

Le mot historique préféré du Général.

De Gaulle et Staline bavardent à Moscou. La guerre se termine et, entre collègues, le Général trouve au Petit Père des peuples un « charme ténébreux ». On aborde les problèmes de la France libérée.

Staline :

– À votre place, je ne mettrais pas Maurice Thorez en prison…

Le maître du Goulag se met à rêver. Il conclut :

– Enfin, pas tout de suite[4].

■

De Pétain :

– Un chef d'exception. (*Un temps.*) Mais il est mort en 1925 et personne ne s'en est aperçu… Pas même lui[5]…

■

1940. À plus de quatre-vingts ans, le maréchal Pétain signe l'armistice et en profite pour s'emparer du pouvoir.

De Gaulle qui, jeune capitaine, l'a beaucoup admiré :

– Il a eu son retour d'âge[6]...

■

Le vainqueur de Verdun a confisqué la République au dernier (et pusillanime) président de la « Troisième ».

Charles de Gaulle se souvient, à la Libération, de sa rencontre avec le malheureux :

– Le président Lebrun prit congé. [...] Au fond, comme chef de l'État, deux choses lui avaient manqué : qu'il fût un chef, qu'il y eût un État[7].

■

À Londres, l'austère général de Gaulle organise un « pot » de soldats en l'honneur de ses rares « compagnons ».

Il détaille longuement les jeunes visages, tendus et exaltés, s'avance vers un petit groupe. Et :

– Bonjour, *les Poètes*[8] !

■

La colonie française de Londres inspire moins de Gaulle que les combattants de la France libre :

– Les Français de Londres ? La première moitié est à New York. L'autre s'apprête à y partir[9].

■

Les rapports entre de Gaulle et les Anglais ne sont pas toujours faciles. Dans *Pétain et de Gaulle*, Jean-Raymond Tournoux raconte :

« Très oxfordien et fort ennuyé, un haut fonctionnaire britannique se rend chez le Général. Avec les plus grandes précautions et circonlocutions, il met de Gaulle au courant d'un incident fâcheux :

– Dans Hyde Park... En présence de nurses et d'enfants... Exhibitionnisme... Un nom connu de votre entourage… Oui, sir, comme un faune… Fâcheux… Fâcheux… Fâcheux…

Pas un sourcil du Général ne bouge. Le malaise gagne l'Anglais :

– Vous savez notre souci d'éviter tout ce qui peut être désagréable aux Français libres… Très regrettable… Nous… […]

Soudain, de Gaulle en a assez de toute cette morgue britannique. Il toise l'impeccable fonctionnaire. Et éclate :

– Et alors, *ça ne vous est jamais arrivé, à vous*[10] ? »

■

Après la fin de la guerre, le bruit court que, pour mieux intoxiquer les Allemands, l'Intelligence Service a livré des Français à la Gestapo. Indigné, un résistant se précipite à Colombey.

– Mon général, le sacrifice délibéré de mes camarades est une infâmie…

De Gaulle reste de marbre. Il s'enquiert simplement :

– Et de qui donc dépendait votre réseau ?

– Des Britanniques, mon général.

Le visage de De Gaulle s'éclaire :

– Ça vous apprendra à travailler pour les Anglais[11]...

■

Le futur maréchal de Lattre de Tassigny est un « ancien » de De Gaulle à Saint-Cyr. Cette camaraderie ne l'a pas marqué : pilier de l'armée de Vichy, il ne commence à résister ouvertement que lors de l'invasion de la « zone libre » par les Allemands en novembre 1942.

Les deux condisciples se retrouvent enfin à Londres. De Lattre a revêtu l'un de ces uniformes flamboyants qu'il affectionne et serre son habituel stick sous le bras.

De Gaulle, la tenue sobre et sans décorations, fait semblant de manier un stick imaginaire :

– Alors, De Lattre, en avons-nous fait, depuis quatre ans, des moulinets[12] ?

■

Plus la guerre se prolonge et plus de Gaulle est populaire auprès du petit peuple de Londres.

Une cérémonie à Hyde Park rassemble une foule émue. Des cris fusent : « Vive de Gaulle ! »

– Quel réconfort, mon général ! bredouille un aide de camp.

De Gaulle, impavide :

– Vous verrez ce qui nous attend en France !

■

Le Général ne s'est pas trompé. À Paris, l'enthousiasme est à son comble. Déchaînée, la foule applaudit, acclame, presse, adore le général de Gaulle.

Soudain, un cri :

– Vive le Maréchal !

De Gaulle se tourne vers un membre de sa suite :

– Et comment voulez-vous qu'ils s'y reconnaissent[13] ?

■

Du balcon de l'Hôtel de Ville, de Gaulle observe la marée qui, à ses pieds, exprime sa joie de voir Paris libéré.

– Mon général ! Mon général ! exulte Bidault. Regardez ce triomphe ! Admirez cette ferveur ! Ces braves gens n'ont rien à voir avec les collabos qui acclamaient Pétain…

– Pensez-vous, interrompt le Général, *ce sont les mêmes*[14] !

■

Marseille, septembre 1944. Après le défilé de la Libération, de Gaulle reçoit les FFI locaux. Colonels, commandants, capitaines forment une longue haie.

Soudain, de Gaulle tombe sur un sergent-chef :

– Tiens, vous ne savez pas coudre ?

Le président du Gouvernement provisoire

Dans Paris libéré, de Gaulle est revenu s'installer dans l'hôtel particulier qu'il avait occupé lors de sa nomination au gouvernement en 1940.

D'après le brillant récit de Jean-Michel Royer, l'ambiance est crépusculaire. L'électricité a été coupée et c'est dans l'obscurité que le Général reçoit son porte-parole de Londres, Maurice Schumann.

À la lumière des bougies, la grande ombre se déploye :

– Eh bien, Schumann. *On ne m'y reprendra plus*[15]...

■

Si la France est détruite, les partis politiques, eux, se portent bien. Communistes, socialistes et démocrates-chrétiens du MRP se déchirent.

De passage en Côte-d'Or, de Gaulle monologue sur le champ de bataille d'Alésia :

– Je ne comprends pas comment Vercingétorix a pu se faire battre. (*Long regard sur les vallons et les collines.*) Il avait tout pour vaincre : cette position est imprenable ! (*Soudaine illumination après un long silence rêveur.*) Eh bien, il devait alors avoir aussi... ses Bidault, ses d'Astier, ses Teitgen et ses Maurice Thorez...

■

Les communistes ne posent pas, pourtant, un problème insoluble.

Commentaire du Grand Stratège qui les a fait entrer dans son gouvernement :

– Avec leurs maquis, leurs cellules, leurs mouvements de masse, ils ont voulu jouer à la belote... Je les ai obligés, moi, à jouer au poker.

■

Dans une péroraison au Conseil des ministres :

– Cette poignée de bourgeois nantis et cossus

qui constituent *(il détache avec soin les mots)* le comité central du Parti communiste français...

■

Les difficultés s'accumulent. Entre Paul Ramadier, ministre socialiste et barbichu du Ravitaillement. Il porte un énorme dossier sous le bras.

– Mon général...

– Vous, j'en suis sûr, vous venez encore m'emmerder avec *vos* patates !

■

Les ministres font de la politique. Après l'exécution de l'écrivain Robert Brasillach, le garde des Sceaux MRP croit habile d'insister sur les troubles de conscience de De Gaulle lors du rejet de la demande de grâce du « collabo ». À l'entendre, la décision aurait tellement bouleversé le Général...

– En signant, sa main tremblait...

De Gaulle convoque le ministre :

– Votre imagination vous perdra, Teitgen !

■

Une Excellence :

– Mais quel est votre point de vue, mon général, sur cette question ?

De Gaulle :

– Le plus élevé ! C'est le moins encombré…

■

Pflimlin est démocrate-chrétien et alsacien. Alors Pflimlin :

– La France ne doit pas favoriser la réunification de l'Allemagne. Il y a longtemps que je le pense, mon général, et…

– Et moi, Pflimlin, il y a *mille* ans que je le dis…

■

De Gaulle se console de la vagissante « Quatrième » en recevant des anciens combattants des réseaux de la France libre :

– Eh oui, messieurs, la Résistance était belle…

(*Un long temps de rêverie.*) Mais ce qu'il y avait de plus beau dans la Résistance, c'était (*et la voix s'enfle*) son *si-len-ce*[16]...

Le chef du RPF

Le Général quitte le pouvoir en claquant la porte. La Guerre froide aidant, il crée le RPF – Rassemblement du peuple français –, qui connaît un certain succès populaire. Mais chassez la politique, elle revient au galop.

De Gaulle se confie à son entourage :

– Je n'aime pas les socialistes car… ils ne sont pas socialistes. (*Murmures de plaisir du chœur gaulliste.*) Je n'aime pas les MRP car… ils sont MRP…

Le chœur gaulliste ronronne de joie. Le Général le dévisage :

– Quant aux *miens*, je ne les aime pas car (*nouveau regard sur les « godillots »*)… ils ne sont rien du tout[17]…

■

Les braves du Rassemblement voudraient marcher sur l'Élysée.

– Mon général, s'écrie l'un de ces trublions, vous nous avez amenés au bord du Rubicon, mais c'était pour y pêcher à la ligne !

Le sauveur de la patrie toise l'insecte :

– Le général de Gaulle n'est pas le général Boulanger !

Un long temps de réflexion, puis un grognement :

– De toute façon, Rubicon, Rubicon ! *À quoi ça rime ?*

■

Bonne fille, sans rancune mais sans façon, la Quatrième veut décerner la Médaille militaire au Général.

– Non, explose le grand homme. Je n'ai pas sauvé la France pour une décoration. De Gaulle n'est pas un gardien de square[18]...

■

De Gaulle s'est lassé du Rassemblement. Il ne troque plus les longues promenades dans le parc de Colombey que pour de brefs passages à Paris. Rue de Solférino, le décor est de plus en plus sinistre, les visiteurs de plus en plus rares.

Le soir tombe. Dans la demi-pénombre de son bureau, le Général fredonne – faux, comme d'habitude – une rengaine des années de guerre : *Je suis seul ce soir.*

Paraît l'aide de camp Bonneval. De Gaulle soupire :

– Enfin presque[19]...

L'Algérie

Mai 1958 arrive enfin. Le drame algérien déchire la France et la Quatrième République chancelle.

Pendant que les « compagnons » se lancent dans des complots, certains intimes s'interrogent :

– Mon général, comment construire une nouvelle République ? Comment sortir de cette tragédie ?

De Gaulle réfléchit :

– Que faire ? (*Une longue pause.*) C'est pourtant simple. *Je causerai*[20].

■

De Gaulle « cause » et la Quatrième s'effondre. Le Général se défend de l'avoir renversée :

– Le pouvoir n'était pas à prendre, mais à ramasser.

■

Algérie du 13 mai. Foules en délire. Ovations en chaîne. Fraternisations en masse. De Gaulle parle et les lendemains chantent.

Après son triomphal discours – « Je vous ai compris » –, le Général se tourne vers l'organisateur de toute cette liesse, le commandant en chef Salan. Salan rayonne. De Gaulle contemple sa joie :

– L'Algérie, lui confie-t-il, l'Algérie est foutue[21] !

■

En l'honneur de De Gaulle, l'armée a organisé de grandioses manifestations. Les larmes aux yeux, un jeune capitaine désigne la foule musulmane :

– Mon général, tous ces gens qui veulent être français !

Le Général les examine :

– Faudrait d'abord les habiller[22] !

■

À un défenseur de « l'Algérie française » :

– Et vous voyez, vous, la France entretenir neuf millions de clochards uniquement pour qu'ils lui fassent la guéguerre[23] ?

■

Les pieds-noirs sont moins enthousiastes que les musulmans et des huées viennent gâcher le bel enthousiasme.

Dans la voiture présidentielle, de Gaulle se penche vers Salan :

– Dites donc, Salan, vous n'êtes pas très populaire dans le coin…

■

Les tournées s'étendent à l'Afrique noire. À Dakar, place du Gouvernement, de Gaulle monte à la tribune. La foule hurle, applaudit et gronde. Le Général marque un temps avant de prendre la parole, observe les bagarres entre porteurs de pancartes et de calicots où l'on lit : « Vive de Gaulle ! », « À bas de Gaulle ! »

Le Général se tourne vers un de ses intimes :
– C'est tout de même plus rigolo qu'à Colombey…

■

« L'épée est l'axe du monde », écrivait, admiratif, le colonel de Gaulle en 1932.

Trente ans plus tard, l'épée devait être émoussée : sous l'œil bienveillant de l'armée, une manifestation européenne dérape à Alger. Des barricades se dressent. Le délégué général, Paul Delouvrier, s'accroche à son téléphone comme à une bouée et appelle l'Élysée. La conversation est brouillée et quasi inaudible.

– Allô, crie de Gaulle, je ne vous entends pas, Delouvrier !

– Moi non plus, mon général !

– Alors, pourquoi téléphonez-vous ?

Et de Gaulle raccroche.

■

L'explosion est due au général Massu. Dans une interview, le brave entre les braves a laissé entendre qu'au fond de Gaulle n'était pas loin de ressembler à un bradeur « vulgaire ». Le crime de lèse-Général est si éclatant qu'il est impossible de pardonner au fidèle grognard. C'est son limogeage qui a provoqué l'émeute à Alger.

De Gaulle fait comparaître devant Sa personne l'auteur ahuri de cette redoutable réaction en chaîne. Massu transpire. Le Général s'avance vers lui et, bonhomme :

– Alors, Massu, quoi de neuf?

■

L'épreuve des barricades a entraîné le départ de ministres trop ouvertement favorables à l'Algérie française. De Gaulle ouvre le Conseil des ministres :

– Messieurs, vos rangs se sont éclaircis. La situation, aussi…

■

22 avril 1961. Les eaux du putsch déferlent sur l'Algérie. De Gaulle envoie son ministre Louis

Joxe essayer de construire une digue, mais les rebelles refusent l'atterrissage à la Caravelle ministérielle. Louis Joxe revient, tout ému par son aventure :

– Notre avion a été pris en chasse… Un Vautour à droite… Un Vautour à gauche… Nous avons dû voler en rase-mottes…

Le Général ne contient pas son admiration :

– Et vous voilà[24] !

■

Le bruit ayant couru que des paras putschistes allaient sauter sur Paris, le ministre de l'Intérieur, Roger Frey, arme des milices place Beauvau. De Gaulle condamne ce « vacarme sous ses fenêtres » mais passe la nuit en grand uniforme dans son bureau.

À l'aube, la statue sort en bousculant ses gardes du corps :

– Alors, ils ne sont pas venus, *vos* parachutistes ? *Dommage !*

■

L'ONU – « le machin » pour de Gaulle – ne peut s'empêcher de pondre motion sur motion sur l'Algérie.

– C'est bien la première fois, constate le Général, qu'on demande l'avis de… cannibales[25].

■

Les pourparlers s'enlisent avec le FLN.

Commentaire désabusé :

– Ils ont bien laissé les couteaux au vestiaire, mais alors… ils n'ont pas oublié leurs fourchettes[26] !

■

L'ultime négociation d'Évian piétine. De Gaulle s'impatiente. Il téléphone à *son* négociateur.

– Alors, Joxe, vous avez bientôt fini de traîner avec vos macaques ? Qu'ils se décident, nom de Dieu ! Ne vous laissez pas arrêter par des broutilles !

Le négociateur se le tient pour dit, fonce à travers les « broutilles » et, tout fier, s'en vient présenter l'enfant à l'Élysée.

Accueil glacial :

– Alors, Joxe, vous avez encore tout abandonné ?

Le fondateur de la Ve République

La paix est revenue et un humoriste interprète les consignes laissées à l'officier de permanence à l'Élysée :

« Ne déranger le président de la République qu'en cas de guerre mondiale. »

■

Le Roy visite ses terres.

Un syndicaliste du Nord, acerbe et pompeux :

– Mon général, comme nous l'avons maintes fois exposé à vos prédécesseurs…

Le Général, voix lente :

– De Gaulle n'a pas de… *pré-dé-ces-seurs !*

■

Un notable remet au Général une médaille commémorant sa visite :

– Monsieur le président de la République ! monsieur le président de la Communauté ! cette médaille est trop petite pour tous vos titres. Nous avons juste pu graver : « Au général de Gaulle. »

– De Gaulle ? *Ça suffit bien !*

■

« L'intendance » revient, hélas, à l'ordre du jour. Un printemps maussade fait grimper le prix des primeurs. Le ministre du Commerce, Missoffe, dit son angoisse en Conseil :

– Imaginez-vous, messieurs, que même les artichauts ont augmenté, en Bretagne !

Un grondement exaspéré interrompt l'Excellence :

– Tant mieux pour les artichauts !

■

Un ministre : Dans cette affaire du Marché commun, ne croyez-vous pas, mon général, que les intérêts du commerce…

Le Général, rouge de colère :

– Le commerce ! Le commerce ! Au nom du commerce, vous transformeriez l'Arc de triomphe en drugstore[27]…

■

La politique, également, reprend ses droits. Lors de sa présentation à l'Assemblée nationale, le premier gouvernement de Georges Pompidou ne recueille que six voix de majorité.

Commentaire :

– Hé ! Ça sent le ragoût !

■

1965. Ô surprise, de Gaulle est mis en ballottage lors de l'élection du président de la République au suffrage universel qu'il a imposé.

L'entourage est formel. Au deuxième tour, le Général ne doit plus se contenter d'appels télévisés en grand uniforme. Un entretien familier s'impose, avec un journaliste bien choisi.

Le Général grommelle :

– Alors, vous voulez exhiber de Gaulle en pyjama[28] !

Le retraité de Colombey-les-Deux-Églises

Après l'explosion de Mai 68 et le pétard mouillé du référendum sur les régions, de Gaulle se retire. Il peut, de nouveau, méditer en paix dans Colombey retrouvé.

– Les Républiques de la France sont comme les symphonies de Beethoven. La Troisième était héroïque : l'Empire, la Grande Guerre, le 18 Juin… La Quatrième… Mais qui connaît la Quatrième ?

– C'est bien cela, mon général, s'écrie l'intime qui a enfin compris. La Cinquième est grandiose.

Un doute se glisse pourtant dans l'esprit du confident, tout fier d'être reçu alors que les ministres de Pompidou trouvent porte close.

– Mais sans vous, mon général, ce ne sera plus que la Sixième…

De Gaulle soupire :

– Eh oui !… La Pastorale[29]…

■

L'optimisme du Général.

De Gaulle se confie à André Malraux :

– On dressera une grande croix de Lorraine sur la colline qui domine toutes les autres... Tout le monde pourra la voir... Et comme il n'y aura personne, personne ne la verra... Elle incitera les lapins à la résistance[30].

■

Après la retraite du Général, tous les ministres « gaullistes » se sont, sauf André Malraux, ralliés à Georges Pompidou.

De Gaulle ne se fait guère d'illusions sur ses « fidèles » :

– Ils feraient réchauffer leur petite soupe n'importe où[31]...

II

Mon Général chez les politichiens

Les autres

Janvier 1946. De Gaulle, chef du gouvernement issu de la Libération, commence à en avoir plus qu'assez des manœuvres des partis.

Le rigoureux socialiste Jules Moch s'efforce de le convaincre de continuer à participer au jeu parlementaire.

Fureur du Général qui a décidé de partir en fanfare :

– Et vous voyez Jeanne d'Arc mariée, flanquée de mômes et cocufiée par son mari [1] ?

■

« Les *politichiens.* »

■

Ou, les jours de grande fureur : « Les *polis-petits-chiens.* »

■

Durant sa « traversée du désert », de Gaulle ne cesse de fulminer contre les « jeux, délices et poisons » de la Quatrième République.

Sa verve s'exerce surtout contre les démocrates-chrétiens du MRP. Résistants et réformistes, ils n'ont pas, pour autant, choisi de Gaulle.

L'un d'entre eux estime judicieux de faire connaître par écrit au Général la profondeur de ses états d'âme. De Gaulle décachette la missive :

– Ces braves MRP ! Toujours les mêmes... Ils trichent... mais ils jouent cœur.

■

Le MRP a accepté que l'Hôtel Matignon soit confié à son chef Georges Bidault :

– Les enfants de chœur ont bu le vin des burettes...

■

Georges Bidault a succédé à Jean Moulin à la tête du CNR. À la Libération, Georges Bidault a accueilli de Gaulle à Paris. Mais Georges Bidault s'est éloigné du Général. On dit qu'il ne se noye pas seulement dans des formules sibyllines.

– Robert Schuman, affirme-t-il un jour aimablement de son concurrent MRP, est un moteur à gaz pauvre…

Pour de Gaulle, Schuman ou Bidault, c'est bonnet blanc et blanc bonnet. Il n'en explose pas moins :

– Tout le monde ne peut pas être comme Bidault ! Un moteur à alcool[2]…

■

Plus tard, en pleine guerre d'Algérie, Georges Bidault rejoindra les rangs de l'OAS. Le traditionnel député MRP vient, « trichant cœur », expliquer au Général les troubles de conscience de son ancien chef devant les attentats allégrement commis par les activistes.

– Mon général, Bidault ne mange pas de ce pain-là !

– Bah ! Il boit bien de tout[3]...

■

N. est un personnage surgi tout droit d'un roman de Stendhal. Il a servi de Gaulle avec enthousiasme à Londres. Il est devenu l'un des plus beaux fleurons du « parti de la fidélité », le MRP. Malgré les brouilles politiciennes, le Général reste son idole.

L'un de ses amis vient plaider sa cause à Colombey :

– Mon général, N. est un homme droit.

– Ouais.

Un temps. De Gaulle réfléchit. Enfin :

– Il est droit comme un tire-bouchon[4].

■

Les démocrates-chrétiens fidèles à de Gaulle sont finalement expulsés du MRP.

Le Général commente le martyre de ses

compagnons Edmond Michelet et Louis Terrenoire :

– Les requins ont bouffé les apôtres[5]...

■

Politicienne, la Quatrième République n'en est pas moins honnête. De fausses rumeurs et de vrais scandales éclaboussent pourtant sa vie parlementaire.

De Gaulle défend le président de l'Assemblée nationale, André Le Troquer. Le Troquer a perdu un bras durant la Première Guerre. Le Général l'a eu comme ministre à Alger.

– Le Troquer est remarquable. (*Stupeur du chœur gaulliste avant que ne tombe la chute :*) C'est le seul manchot de France qui touche des deux mains[6]...

■

Curieusement, les socialistes échappent à la hargne de l'ermite de Colombey.

De Guy Mollet :

– Il est réconfortant d'avoir des adversaires aussi bien intentionnés.

De Léon Blum :

– Son besoin d'action est inversement proportionnel à sa faculté de compréhension. (*Une longue pause, et puis :*) Or Léon Blum est *très* intelligent[7]...

■

En revanche, l'« UDSR » n'est guère épargnée. N'est-elle pas « démocratique », « socialiste » et « résistante », sans se rallier, pour autant, à de Gaulle ? Ses chefs charismatiques ne sont-ils pas René Pleven et François Mitterrand ?

De René Pleven, que de Gaulle a employé comme commissaire aux Finances de la France libre :

– Il était bon... quand il avait ma colonne vertébrale.

Du même :

– Sa colonne vertébrale ? Un éclair au chocolat[8]...

■

René Pleven et François Mitterrand ne s'entendent guère. Pleven est souvent président du Conseil. Mitterrand, lui, est parvenu à convaincre des députés noirs aussi prestigieux qu'Houphouët-Boigny ou Léopold Sédar Senghor de quitter leur groupe communisant pour rejoindre la petite mais vaillante UDSR.

Commentaire désabusé du Général :

– L'UDSR ? Le seul endroit au monde où les Noirs peuvent venir voir les Blancs se dévorer entre eux [9].

■

De François Mitterrand :

– Un baladin de la magouille… Un guitariste de la politique [10]…

Les siens

Le RPF est enfin créé. À la tête de ce grandiose « Rassemblement », de Gaulle, c'est promis, c'est juré, va reconquérir la France. Au cours d'une réunion tumultueuse et héroïque, on enterre « le système » et ses créatures.

– Mort aux cons ! lance un penseur.

– Pardon ? demande le Général qui passe par là.

– Mon général, il faut tuer tous les cons !

De Gaulle hoche la tête :

– Vaste programme [11] !

■

Des militants obscurs mais dévoués du Rassemblement rêvent d'être reçus par « le Vieux ». Le colonel Rémy sollicite une audience. Le Général refuse. Rémy revient à la charge. Il vante la noble tâche des « compagnons » qui vont ramener de Gaulle au pouvoir.

Alors, le Général explose :

– Mais à la fin, Rémy ! Foutez-moi donc la paix avec *votre* RPF !

■

Le RPF est à son zénith et un compagnon invite de Gaulle à se présenter sous sa bannière aux élections.

– Quel succès populaire, mon général ! Quelle présence à l'Assemblée !

Le Général regarde l'insecte :

– Ainsi, vous voyez, vous, le général de Gaulle demander la parole au président (*la voix sombre dans le mépris*) Édouard Herriot.

■

Hélas, Antoine Pinay arrive et le Rassemblement éclate. La France n'a plus, pour l'honnête homme de Saint-Chamond photographié sous un éternel petit chapeau, que les yeux de Chimène.

– Non, monsieur ! tonne de Gaulle. Je n'ai pas sauvé la France pour la donner à un tanneur !

■

Du même :

– On n'entre pas dans l'Histoire un chapeau vissé sur la tête [12].

■

D'un rallié RPF à Antoine Pinay :

– Quel flair pour humer le maroquin !

■

Du « poujadisme » :

– De mon temps, les épiciers votaient pour les notaires. Mais voilà qu'aujourd'hui… les notaires se mettent à voter pour les épiciers.

■

La presse continue à être hostile à de Gaulle. Mais il faut divertir le public et *Le Figaro* organise un « concours d'erreurs » qui connaît un immense succès.

Le Général ouvre le respectable quotidien :

– Un concours d'erreurs ? Signe des temps[13]...

■

L'une des vedettes de la presse « politichienne » ne brille pas par sa haute taille.

Commentaire, après un article particulièrement défavorable à de Gaulle :

– Ce n'est pas parce qu'on est si petit qu'il faut être tellement bas[14]...

■

De Gaulle n'en reçoit pas moins Jean-Raymond Tournoux de *Paris-Match*. Nous sommes en 1958 et l'Algérie est au cœur de toutes les pensées. Derrière son bureau de bois blanc de la rue de Solférino, le Général dresse un réquisitoire contre « ces princes qui nous gouvernent » – la formule est de Michel Debré.

– Et après... ils abandonneront la Corse ! Et la Bretagne ! Et l'Auvergne... (*Un temps.*) Non ! Ils garderont l'Auvergne... Personne n'en veut !

■

Avec mai 1958 vient enfin le temps de toutes les revanches. De Gaulle règne, cette fois sans partage.

Dans l'ombre auguste, tandis que Michel Debré livre la guerre, les grognards du Rassemblement, Guichard et Frey, créent un nouveau parti, l'UNR. De jeunes députés, vierges de tout engagement, Boulin, Peyrefitte, Missoffe, en formeront l'armature. L'heure est au « gaullisme ».

Le Général, abrupt :

– Le gaullisme ? *Connais pas...*

■

La fin de la guerre d'Algérie permet au Général de s'offrir un nouveau ministre de l'Information. Il devra mettre au pas l'« ORTF » afin que la télévision chante à tout instant la gloire du Dieu Vivant.

Le nouveau venu trouve la tâche rude :

– Mon général, chaque ministre qui m'a précédé a fait sa petite sédimentation. Il y a eu la couche radicale, la couche MRP, la couche…

De Gaulle le coupe :

– Allons, Peyrefitte, n'oubliez pas… *(long regard sur le jeune homme)* la fausse couche UNR[15].

■

Le référendum d'avril 1962 sur la nouvelle Algérie a plébiscité de Gaulle. Aussitôt, ses ministres dressent des plans afin d'exploiter ce beau succès en faisant élire une « Chambre introuvable ».

Ministre de l'Intérieur, Roger Frey mesure, lui, les dangers d'une campagne électorale. OAS par-ci, OAS par-là… Frey brosse un tableau d'apocalypse.

– L'OAS pourrait même en arriver à assassiner cinquante députés UNR !

– Qu'importe, Frey !

Un temps. De Gaulle rêve. Enfin, dans un soupir :

– Pourvu qu'ils soient bien choisis !

■

Dédié à Édouard Balladur.

L'élection présidentielle de 1965 a donné de mauvaises idées à certains « compagnons ». De Gaulle a été mis en ballottage, et, de toute façon, sa mission historique n'est-elle pas terminée ? Il faut lui trouver un successeur. Le nom du Premier ministre Georges Pompidou est le plus souvent cité.

Le Général observe d'un œil distrait la performance de son protégé à la télévision. Sur le petit écran, Pompidou se surpasse. Le sourcil paternel, le visage plein, le sourire complice, tout en lui distille la confiance. Jugement du Général :

– Louis XVIII en costume de ville[16]...

■

Mai 68 a creusé le fossé entre les deux hommes. Pompidou a eu raison contre de Gaulle. Redevenu simple député du Cantal, il ose même proclamer ouvertement que, le moment venu, il briguera la succession du Général.

Au « Château » ou à Colombey, on évite désormais de parler du pestiféré. Un soir pourtant, le Général l'entrevoit à la télévision.

Soupir :

– Le Borgia gentilhomme[17]…

III

Un grand parmi les grands

Les Russes

Khrouchtchev rend visite à de Gaulle. En toute modestie, les deux grands hommes comparent leurs attributs de puissance. À grands coups de bombes atomiques et de divisions, Khrouchtchev prend l'avantage.

– Moi, dit-il avec l'air satisfait de quelqu'un qui s'apprête à porter un coup décisif à son adversaire, je suis encore plus puissant dans le domaine de la diplomatie. Par exemple, vous voyez là mon ministre des Affaires étrangères. Il s'appelle Gromyko. Eh bien, si je le siffle, il vient. Je lui dis de s'asseoir sur un bloc de glace, il s'y assied. Je lui dis d'y rester, eh bien il y reste… jusqu'à ce que toute la glace soit fondue !

– Je crains, dit le Général, nullement démonté par un coup aussi bas porté aux conventions diplomatiques, je crains que, dans ce domaine-là, je ne sois plus puissant que vous. Regardez mon ministre des Affaires étrangères, Couve de

Murville. Si je le siffle, il vient. Je lui dis de s'asseoir sur un bloc de glace, il s'y assied. Je lui dis d'y rester. Eh bien, il y reste tout le temps que je veux car *(une longue pause)*… sous lui la glace ne fond pas [1].

■

De Khrouchtchev :
– Grattez Lénine et vous trouvez Gogol [2].

■

Les relations entre la Russie et la Chine sont toujours aussi tendues.

Khrouchtchev, catégorique :

– Avec cinq bombes atomiques, je détruis la France !

Le Général, dédaigneux :

– Et alors ?

Khrouchtchev, menaçant :

– Alors, avec trente bombes je détruis les États-Unis !

Le Général, blasé :

– Et avec trente bombes, les États-Unis détruisent la Russie...

Khrouchtchev, triomphant :

– C'est bien ce que je veux dire. L'impérialisme américain débouche sur la guerre et la guerre aboutit à notre disparition mutuelle !

Le Général, distrait :

– Oui, seuls survivront... vos amis chinois.

■

L'ambassadeur de l'URSS vient – c'est son métier – dénigrer la force de frappe française.

– Je me permets respectueusement de vous faire remarquer, mon général, que nos forces sont disproportionnées.

– ...

– Pour une de vos bombes, nous en avons cent !

– ...

– Si vous détruisez une de nos villes, nous détruirons toute la France...

Importuné, de Gaulle coupe court :

– Eh bien, monsieur l'ambassadeur, dans ce cas (*le Général examine le suave diplomate*) nous mourrons ensemble[3]...

■

Les rapports entre de Gaulle et l'empire communiste ne sont pas aussi idylliques que le prétend la légende de la « détente ».

Lorsque, en août 1968, les chars russes écrasent le Printemps de Prague, de Gaulle convoque un ancien de la France libre qui a longtemps flirté avec « le Parti ».

– Alors, vos lendemains qui chantent (*pause*), ils feraient bien... de s'éclaircir la voix[4].

■

Couve :

– Le bloc soviétique... Le bloc atlantique... Le bloc...

Le Général :

– Assez, Couve ! Ne me parlez pas des blocs ! Les blocs, c'est fait pour éclater[5]...

Les Américains

La glorieuse Amérique n'impressionne pas le Général. À la veille de la visite du président Kennedy à Paris, la Cour se pâme devant le jeune et rayonnant « JFK ». Le Général calme ces ardeurs :

– D'accord, le président des États-Unis est l'homme le plus puissant du monde. Mais…

Un long temps. De Gaulle rêve :

– Mais Roosevelt était un infirme*. Eisenhower, une espèce de saint-cyrien. Truman ? Encore mieux : Truman, c'était le néant…

– Et Kennedy, mon général ?

– Kennedy ? Un collégien[6]…

■

* D'après une autre version : « un gangster ».

Le « collégien » a osé critiquer la lenteur de la décolonisation française en Algérie.

De Gaulle remet les choses à leur place :

– La France, tonne-t-il, reconnaît à tous les peuples le droit de disposer d'eux-mêmes. Les Jaunes… Les Noirs…

Le Général toise longuement le jeune homme venu d'outre-Atlantique, puis assène :

– Les Peaux-Rouges… (*Silence.*) *Quand il en reste…*

■

John Kennedy est sûr de lui, de sa jeunesse et de la puissante Amérique. On propose d'organiser une chasse en son honneur à Rambouillet.

– Quelles bêtes abattra-t-on ? s'inquiète de Gaulle.

– Des faisans, mon général.

De Gaulle soupire :

– Un combat fratricide[7]…

■

Un grand parmi les grands

L'espoir des États-Unis est foudroyé à Dallas. John Kennedy est remplacé par le Texan Lyndon B. Johnson.

– Johnson ? L'Amérique ne changera donc jamais… Après le collégien, un *vacher*[8]…

Les Africains

Kennedy s'est trompé : Charles de Gaulle est le champion toutes catégories de la décolonisation.

De retour à Colombey après l'explosion de Mai 68, le Général remet à son éditeur, Marcel Jullian, le premier tome de ses mémoires « d'espoir » :

– Le premier chapitre traite des institutions. Le deuxième, de l'outre-mer.

Un temps. De Gaulle fait un large geste de la main :

– Les négros, quoi[9]...

■

De Gaulle aime faire admirer les ors de l'Élysée à ses vassaux d'Afrique. Un soir, hôte parfait, le Général éblouit par un cours d'histoire de France les noires beautés venues des antipodes. Il en est à la magnificence du Roi-Soleil.

Quand…

– Mais ce Louis XIV, combien avait-il de femmes ?

Un ange passe. Le Genéral se racle la gorge :

– Combien de femmes, madame ? *(Une pause. De Gaulle réfléchit. Enfin, d'une voix éclatante :)* Un si grand roi ?… *Beaucoup*[10] !

■

Le Président tunisien Bourguiba :

– Quand j'étais jeune, je faisais du théâtre en amateur.

De Gaulle, enthousiaste :

– Vous deviez avoir beaucoup de succès !

■

Un roitelet africain expose à de Gaulle ses grandioses projets politiques :

– Je me propose de fédérer l'Afrique sous l'unité de Dieu.

– Bonne idée ! approuve le Général. Ça écartera la concurrence...

■

Un autre président de la noire Afrique se réjouit de ses rencontres avec le Grand Sorcier blanc :

– Mon général, vous voir constitue toujours un tel enrichissement...

Commentaire du Général :

– Voilà un homme qui sait choisir l'expression juste[11]...

Les Européens

« L'Europe est un rôti. L'Allemagne fournit la viande, le Benelux quelques légumes et l'Italie un peu de sauce. Seule la France peut cuisiner le tout [12]. »

■

La Grande-Bretagne veut participer au festin européen.

Jugement du Grand Stratège :

– L'Angleterre, je la veux nue [13]...

■

1945. Plus gaulliste que de Gaulle, l'ambassadeur britannique Duff Cooper est tout heureux de venir annoncer au Général que le nuage obscurcissant les relations avec son pays s'est dissipé. La Grande-Bretagne a mis un terme à ses hésitations et a reconnu le gouvernement provisoire.

– C'est fini, lance Cooper, joyeux, en pénétrant dans le bureau de la rue Saint-Dominique.

De Gaulle hausse les épaules :

– Ça ne finira jamais…

■

Le Roy visite Calais.

– Votre beau-frère, le député-maire Jacques Vendroux, vous a-t-il remis les clés de la ville ? s'inquiète un membre de la suite.

De Gaulle fronce les sourcils :

– En 1347, les bourgeois de Calais ont remis ces clés aux Anglais. *(Un long soupir :)* Et vous savez bien que les Anglais n'ont jamais rendu à personne quoi que ce soit[14]…

■

Les guerres peuvent rapprocher les ennemis les plus inexpiables.

1943. De retour du front russe, un correspondant de guerre enchante le Général avec un récit vécu de la bataille de Stalingrad. La steppe, la neige, la mort…

De Gaulle est fasciné. Il murmure :

– Ah ! quel peuple !

– Oui, mon général, le peuple russe est admirable.

Le Général sursaute :

– Mais qui vous parle du peuple russe ? *(Pause.)* Je pense, moi, au peuple allemand ! *(Un nouveau temps.)* Arriver jusque-là [15]…

■

Les années ont passé. La guerre est devenue froide et la paix tiède. Broyée, vaincue, brisée, l'Allemagne reste l'axe de l'Europe. John Kennedy s'en inquiète :

– Général, le mur de Berlin constitue un danger pour la sécurité du monde libre…

Pensif, de Gaulle opine :

– Ah oui, le mur de Berlin… *(Soudain la voix se charge d'allégresse.)* Les Allemands ont toujours eu un si beau sens du tragique [16]…

■

« Moi, ne pas aimer l'Allemagne ? Je l'aime tellement que j'en voudrais deux. »

■

Un diplomate allemand déborde d'enthousiasme :

– Les philosophes allemands... Les musiciens allemands... Kant... Hegel... Beethoven... Wagner...

Le Général :

– Wagner, oui. J'aime bien Wagner. *(Long regard sur l'Allemand.)* Surtout dans... *Le Crépuscule des dieux*[17].

■

1945. De Gaulle passe en revue un détachement de la Légion. Il s'adresse à un vieil adjudant bardé de médailles :

– De quel pays venez-vous ?

Le brave tressaille de fierté.

– Je suis allemand, mon général.

– Eh bien, vous verrez ! On ne s'en relève jamais[18]...

■

La coopération de la France et de l'Allemagne est à son zénith. Charles de Gaulle invite Konrad Adenauer à se faire sacrer à Reims. Très ému, le vieux chancelier observe l'immense foule :

– Mon général, admirez toute cette jeunesse ! Côte à côte, jeunes Français et jeunes Allemands...

De Gaulle, nullement impressionné :

– Oh, vous savez... Après les péripéties de la dernière guerre, l'occupation nazie, la zone française en Allemagne, toute cette jeunesse est déjà... *franco-allemande*[19].

■

Adenauer s'est retiré dans ses appartements. Enfoncés dans un canapé, le Général et Couve de Murville commentent la triomphale visite du chancelier.

– Au fond, médite Couve, Adenauer a peu de cartes dans son jeu. Certes, il est à la tête d'un grand et prospère pays… Mais l'Allemagne n'a plus d'unité. Elle n'a plus de frontières. Et puis Berlin… Elle n'a même plus de capitale. Alors que lui reste-t-il ?

– Paris, dit de Gaulle.

Les diplomates

Londres. Massigli est chargé des relations extérieures de la France libre. Massigli transmet donc à de Gaulle les doléances de Churchill : « Monsieur Churchill pense que… Monsieur Churchill veut que… »

Le Général explose :

– Foutez-moi donc la paix avec votre Churchill ! C'est quand même trop fort ! L'Angleterre a deux ministres des Affaires étrangères : le sien… et le mien [20] !

■

« Les *diplotames.* »

■

Ou, plus tendre : « Les *diplopopotames.* »

■

Fin de la guerre d'Algérie. Conduites par Louis Joxe, les négociations d'Évian traînent trop, de l'avis de Couve de Murville. Le diplopopotame en chef s'en ouvre à de Gaulle.

– Je sais, Couve. Si les Allemands vous demandaient Strasbourg… vous le leur donneriez tout de suite.

■

« Pour un militaire, céder à un pays étranger c'est trahir.

Pour un *diplotame*, c'est… faire une bonne manière à un collègue. »

■

Un général, en Conseil de défense :

– Nous devons nous opposer aux menées de l'Internationale communiste en Afrique…

De Gaulle :

– Foutez-moi la paix avec votre Internationale communiste ! Je ne connais de puissante que l'Internationale *(regard sur Couve de Murville :)* des diplomates !

■

De X. :

– Cet homme avait du talent. Mais il a eu des ennuis. Alors, de malheur en malheur, il est devenu… ambassadeur[21]…

■

« Les diplomates ne sont utiles que par beau temps. Dès qu'il pleut, ils se noient dans chaque goutte. »

■

De Gaulle aime voyager autour du vaste monde. Les grands discours devant des foules enthousiastes le galvanisent.

Revers de la médaille, les cérémonies officielles l'ennuient.

En Amérique du Sud, Sa gloire est saluée par une exhibition des chevaux de la pampa. Le Général observe les cavaliers qui caracolent dans le soleil et la poussière. Il se tourne vers son ministre des Affaires étrangères :

– Allez, Couve. Encore trois canassons et on fout le camp[22]…

IV

Le Roy et sa cour

La matière

Alger 1943. Il fait très chaud et le gouvernement est « provisoire ». Le théoricien socialiste, André Philip, fait une entrée remarquée, un jour, en Conseil des ministres : il est en short et en chemisette.

De Gaulle ne dit mot. Mais le Conseil terminé :

– La prochaine fois, Philip, venez donc… avec votre cerceau…

■

Même lieu, même décor, même température. Entre le général Catroux, l'un des rares généraux à s'être rallié à de Gaulle dès juin 40. Le « gégène » est, lui aussi, en short et porte toutes ses décorations sur sa tenue estivale.

De Gaulle se penche vers son voisin :

– Vous ne trouvez pas qu'il y en a un peu trop en haut et pas assez en bas [1] ?

■

Dans les premiers temps du retour de De Gaulle au pouvoir après mai 1958, l'aide de camp Bonneval confondait les Excellences.

Un jour, il annonce Bacon, un ministre de toute petite taille. C'est Buron, un grand barbu, qui apparaît.

– Comme vous avez changé ! constate de Gaulle.

Et à Bonneval qui bafouille des excuses :

– Ne vous en faites donc pas ! Ils sont tous *pareils* !

■

Bacon est arrivé au gouvernement un peu par hasard. Après le coup de force du 13 Mai, de Gaulle cherchait un ministre du Travail. Qualifications demandées : avoir une expérience ouvrière ; être « à gauche » ; si possible syndicaliste. Comploteurs gaullistes s'abstenir.

Quoique frêle et fluet, le MRP Bacon paraît le meilleur choix. Il est reçu, pour la première fois de sa vie, par de Gaulle.

Décision du Général :

– Je le prends… Au moins, il n'est pas *encombrant*[2] !

L'âme

Si les nouveaux ministres choisis par la grâce du Prince sont « tous pareils » et « pas encombrants », il n'en va pas de même des Excellences issues du RPF. Chaque « compagnon » a ses états d'âme. Chaque « compagnon » affirme détenir seul un morceau de la Vraie Croix.

Le plus torturé est Edmond Michelet, déchiré entre son christianisme et sa fidélité à de Gaulle.

– C'est d'accord, mon général, dit-il un jour où son écartèlement a été poussé jusqu'à l'extrême. (En pleine guerre d'Algérie, de Gaulle l'a nommé ministre de la Justice.) J'exécuterai vos ordres… mais je renonce à comprendre.

– C'est cela, Michelet. Renoncez! Renoncez!… Ça nous fera gagner du temps…

■

Premier tableau : le 13 mai 1958, le militant du RPF Léon Delbecque rallie les paras au Général. Deuxième tableau : de Gaulle rafle la mise en proclamant « Je vous ai compris ». Troisième tableau : Delbecque tente de rallier le Général aux paras. De nouveau, il déploie toute son éloquence de tribun du « Rassemblement » :

– Mon général, je vous adjure ! Au nom de tous mes amis, changez de politique !

Verdict :

– Changez d'amis [3] !

■

Le Général s'est lassé des troubles de conscience d'Edmond Michelet. En acceptant de lui succéder à la Chancellerie, l'obscur Bernard Chenot découvre un monde à la Kafka. Que les détenus s'enferment eux-mêmes à clé dans les cellules le plonge notamment dans une certaine perplexité.

Désireux de s'instruire, il consulte ses services : « Ce n'est pas nous, monsieur le Garde, ce sont les ordres d'Edmond Michelet. » Chenot s'adresse à Michelet : « Ce n'est pas moi, cher ami, ce sont des ordres de l'Élysée. » Vaincu, Chenot classe ses perplexités dans un coin de sa cervelle jusqu'au jour où le Général lui passe un savon monumental pour avoir appris (par la presse) que Ben Bella et les autres chefs emprisonnés du FLN tuaient le temps en téléphonant au Caire et autres lieux de réunion des « frères » de la rébellion.

– Ce n'est pas moi, mon général ! C'est Michelet qui avait des ordres de l'Élysée !

– Bon Dieu ! Mais qu'est-ce que vous avez tous à m'emmerder avec *votre* Élysée ! L'Élysée, *c'est moi* !

■

Londres. De Gaulle estime un jour que son commissaire aux Affaires étrangères est d'une « mollesse excessive ». Le malheureux, convoqué, reçoit une terrible volée de bois vert. Sous les critiques et les sarcasmes, il se cabre enfin :

– Mon général, vous n'avez pas le droit ! Je suis aussi patriote et français que vous !

Le Général, soudain calmé et d'une voix adoucie :

– Je sais, Dejean, vous êtes aussi patriote que moi ! Je sais, vous êtes aussi français que moi ! *(La voix s'enfle d'un coup.)* Mais je sais aussi, Dejean, que vous n'êtes plus commissaire aux Affaires étrangères !

■

Jacques Soustelle sert de Gaulle depuis Alger. Le grognard a connu tous les combats du Rassemblement, a comploté en faveur de De Gaulle le 13 mai 1958. Après l'épreuve des Barricades, son glorieux passé gaulliste lui permet d'exprimer ses réserves :

– Mon général, votre politique algérienne risque de vous couper de la population européenne sans conduire à la paix avec le FLN. Je redoute que…

De Gaulle interrompt son homme de main :

– Et moi, Soustelle, je redoute que vous ne fassiez plus partie du gouvernement…

■

« Je n'aime que les gens qui me tiennent tête, mais je ne les supporte pas[4]. »

Les ministres

Jacques Soustelle est intelligent. Jacques Soustelle est universitaire. Donc Jacques Soustelle :

– Mon général, mais pourquoi choisissez-vous des ministres aussi bêtes ?

Le Général examine l'intellectuel :

– L'expérience m'a appris que le plus bête est toujours (*long regard sur le futur dissident de l'OAS*) le plus loyal[5] !

■

Un député est nommé ministre. Quelle aventure ! Voir de Gaulle et assister au Conseil des ministres : le jeune homme en est tout pétrifié. Un jour, il s'enhardit :

– Mon général, pourrais-je faire observer…

La voix de Dieu tonne :

– C'est ça. Observez ! Observez ! Mais en silence[6]...

■

Le ministre X. est asthmatique :
– Il ment comme il respire. Mal[7] !

■

Le tendre Jean Foyer, garde des Sceaux (et des prisons), fait un exposé émouvant sur notre misère pénitentiaire :

– Les prisons sont surpeuplées... Les détenus sont mal nourris... Leurs loisirs sont insuffisants...

Le Général s'impatiente :

– Heureusement, ils peuvent s'évader[8]...

■

– Mon général, le nouveau ministre des Anciens combattants ne sait pas parler...

– Eh bien, ce sera parfait… pour la minute de silence[9]…

■

L'Élysée. La grande salle du Conseil. Dorures et tapisseries. Les baies s'ouvrent sur un grand parc. Autour d'une table ovale recouverte d'un tapis beige clair, de Gaulle et ses ministres. Lugubre et solennel, Couve de Murville berce ses collègues de ses litanies diplomatiques.

Couve, voix lente et assourdie :

– La tension diplomatique… L'équilibre entre l'Est et l'Ouest… La défense des intérêts français…

Le Général, pointant l'oreille :

– Monsieur le ministre des Affaires étrangères…

Couve de Murville s'interrompt. Le Général :

– Sans devenir tonitruant, pourriez-vous élever la voix ? *(Un temps. Un long regard sur la salle du Conseil.) Ces Messieurs dorment*[10]…

■

Guy Mollet est heureux. Guy Mollet a pris une grande décision. Ministre de De Gaulle en 1958, Guy Mollet ne va pas rester, une minute de plus, solidaire de la politique financière d'Antoine Pinay. Il va lui river son clou, à ce réactionnaire ! Et en plein Conseil des ministres, encore ! Mais on a beau être socialiste, on n'en est pas moins prudent. Alors Guy Mollet :

– Je suis d'accord avec M. le ministre des Finances. Mais...

Un grondement interrompt l'habile manœuvrier :

– Eh bien, si vous êtes d'accord, tant mieux ! La parole est à M. Couve de Murville[11]...

■

Retard au Conseil des ministres. Goguenard, le Général accueille le perturbateur, le jeune ministre des Postes et Télécommunications Marette :

– Alors, monsieur le Ministre ? Encore un dérangement[12] ?

■

Alger bouge. Alger est en flammes. Le ministre de l'Intérieur, Roger Frey, a peur d'Alger :

– Mon général, la patrie est en danger…

Le Général toise le premier flic de France :

– Allons, Frey ! N'employez pas des mots au-dessus de votre condition [13].

■

De Giscard d'Estaing :

– Un bon ministre des Finances [14].

■

Le soupir du Général.

Après l'habituelle litanie diplomatique, de Gaulle aborde les problèmes d'intendance :

– Et maintenant, monsieur le ministre des Finances va, comme d'habitude (*long soupir*), nous chagriner avec sa petite tirelire [15]…

■

Seul André Malraux échappe au dramatique dilemme : disgrâce ou médiocrité.

Bien souvent, le soir venu, l'auteur de *L'Espoir* vient dialoguer avec le sauveur de la France.

Commentaire du Général :

– Malraux est un volcan ! *(Un temps.)* Que d'éclairs ! *(Une autre longue pause.)* Mais que de fumée !

Les écrivains

De Gaulle ayant décidé de donner la grand-croix de la Légion d'honneur à François Mauriac, des ministres murmurent.

– Mais oui, messieurs, tranche le Général, Mauriac est le plus grand écrivain français.

L'auguste regard balaie le Conseil et tombe sur… André Malraux.

– Oui, reprend de Gaulle, le plus grand écrivain français… parmi d'autres [16].

■

À la différence de Mauriac ou de Malraux, Jean-Paul Sartre n'apprécie pas de Gaulle. Il reçoit néanmoins le prix Nobel, mais le refuse.

Commentaire :

– Sartre a eu raison.

Une longue pause, puis :

– J'ai toujours pensé que cet homme-là gagnait à être... méconnu [17].

■

Dédié à Jacques Chirac et... à quelques autres.

Les courtisans aiment écrire leurs souvenirs, voire proposer des solutions pour sauver la France.

L'auteur du *Fil de l'épée* et des *Mémoires de guerre* juge ces tentatives :

– Willy avait raison. Si l'agriculture manque de bras, la littérature, elle, ne manque pas de pieds [18]...

La famille

La vie quotidienne à la Cour est aussi tranquille que dans une garnison du *Désert des Tartares.*

Ainsi, Mme de Gaulle, la vertueuse « tante Yvonne », suit-elle avec un intérêt choqué la liaison entre le ministre N. et la femme d'un autre courtisan, M.

De Gaulle s'assied à la table familiale :

– Il faudra vraiment que je me décide un jour à inviter mesdames N. !

■

N. et M. jouent à *Jules et Jim* autour d'une beauté élyséenne. N. est déjà ministre. Il voudrait que son ami M. le devienne également. Refus du Général :

– Je ne vais quand même pas prendre toute la petite famille[19]...

■

Bonneval, parfait aide de camp, ne s'absente *jamais* de l'Élysée. Un jour pourtant, il ose, entre deux audiences du Général, courir au chevet de sa femme qui vient de lui donner un huitième enfant.

Manque de chance, de Gaulle réclame l'aide de camp. Bonneval plante là femme et nouveau-né. Il entre, tout essoufflé, dans le bureau du Général.

– Alors, Bonneval ! Sous prétexte que vous êtes père de famille nombreuse, vous êtes *toujours* absent ?...

■

De Gaulle médite sur les avantages du pouvoir :

– C'est quand même amusant ! Lorsque je disais à Colombey : « Donnez de la soupe à Guichard », personne ne riait.

Le Général jette un long regard sur la salle à manger d'apparat de l'Élysée. Les ors brillent et les lustres étincellent.

– Aujourd'hui, je dis : « Servez donc de la soupe à Pompidou », et tout le monde rigole[20]...

La presse

Les réceptions de chefs d'État étrangers et les conférences de presse à allure de grand-messe sont les seules distractions de cette existence austère.

Lorsque de Gaulle convoque *ses* journalistes, tout se passe comme sur du papier à musique. Le Général débite un petit discours appris par cœur. Des questions préparées à l'avance sont alors confiées à des faire-valoir. En réponse, de Gaulle donne l'impression d'improviser avec maestria.

Un grain de sable peut, pourtant, venir gripper la machine. Ainsi, un jeune reporter ambitieux, mais fortement spécialisé, décide, un jour, de partir à l'attaque.

– Que pensez-vous, mon général, du prix du blé ?

– …

– Êtes-vous pour l'indexation des prix agricoles ?

– …

– Que pensez-vous du système de péréquation ?

– …

Après que le combat eut cessé faute de combattants, le Général, en passant dans les travées, marque un temps d'arrêt :

– Je vais quand même serrer la main du *gentleman farmer* qui s'intéresse tellement au prix de l'*avoine*…

■

Les années passent et la France s'ennuie. Un outrecuidant ose ne pas respecter le cérémonial de la grand-messe.

– Je ne vais poser qu'une seule question, mon général. Comment allez-vous ?

De Gaulle hésite, puis :

– Rassurez-vous. *(Un long temps.)* Je finirai bien par mourir[21]…

■

Bien que sa vue baisse, de Gaulle tient à lire toute la presse. *Le Monde* le critique, mais le Général ne rate aucun de ses articles.

Il reçoit son directeur, l'austère Beuve-Méry :

– Moi, qui ne suis pas ce qu'il est convenu d'appeler un *comique*… savez-vous ce que je fais quand j'ai envie de rire ?

– …

– Je lis *Le Monde* ! Et je rigole… Et je rigole…

Les voyages officiels

Plus encore que les déplacements glorieux à l'étranger, les « voyages officiels » dans la France profonde sont les temps forts des « tournées des popotes » du Grand Roy.

De temps à autre, l'organisation n'est pas à la hauteur des sentiments chaleureux du bon peuple. En Champagne, des couacs endeuillent *La Marseillaise*. De Gaulle félicite tout de même la fanfare :

– Dites-moi, votre jour de gloire, il est arrivé… sur les genoux[22].

■

Le curé d'une paroisse traversée par le cortège officiel :

– Oui, mon général, je prie tous les jours pour vous.

– Vous faites bien !

■

Parfois – une fois n'est pas coutume –, la population boude. Un village du Sud-Est radical fait ainsi la tête à de Gaulle.

Devant de rares badauds, le Général prononce quelques mots. Pour terminer, il crie : « Vive la France ! » Mais, se tournant vers sa suite, il ajoute :

– Vive la France… *Si l'on peut dire*[23]…

■

Au cours d'un voyage en Bretagne, un des gorilles chargés de veiller sur la sécurité du Général se poste – on ne sait jamais – derrière les enfants des écoles.

Arrive le Général qui embrasse les petites filles, salue gentiment les petits garçons et… serre longuement la main du gorille.

« Voyons, se dit le garde du corps perplexe. Il est myope. Il n'avait pas ses lunettes. J'y suis ! il ne m'a pas reconnu ! »

De retour à la préfecture, de Gaulle, au détour d'un couloir, tombe sur le colosse :

– Vous allez bien, monsieur l'Instituteur ?

■

Le maire d'un petit village tremble de timidité :

– Aucun chef d'État n'a visité notre commune depuis François Ier…

De Gaulle, qui embrasse du regard les pauvres masures :

– Eh bien, mes prédécesseurs avaient tort !

■

– Messieurs, je suis bouleversé !

Les ministres qui accompagnent le Général s'immobilisent, attentifs et tendus.

– Messieurs, j'ai entendu un cri qui m'a bouleversé… Dans la foule que nous traversions…

Les ministres retiennent leur souffle.

– Dans la foule, une femme a crié : « J'ai

perdu ma chaussure ! » Eh bien… avec le monde qu'il y avait, je crains qu'elle ne l'ait pas retrouvée…

■

Tournée dans l'Est. On propose un détour par Domrémy. Jeanne d'Arc qui… Jeanne d'Arc que…

– D'accord, tranche le Général. *Elle l'a bien mérité*[24]…

V

La France et son sauveur

« Comment voulez-vous gouverner un pays qui a deux cent quarante-six variétés de fromages ? »

■

« Gouverner la France est aussi simple que de fabriquer le célèbre couteau sans lame auquel il manque le manche[1]. »

■

Le référendum du printemps 1962 sur la fin de la guerre d'Algérie vient de donner 90 pour cent de voix à de Gaulle. Le Premier ministre, Michel Debré, file à l'Élysée chanter le duo de la victoire.

Silence. Le Général rêve. Tout à coup, il sursaute :

– Mais ce référendum est *mou* ! Ce pays est *mou* !

■

« En France, la gauche trahit l'État et la droite trahit la Nation. »

■

De Gaulle se fait projeter *Paris brûle-t-il ?* dans une salle privée du palais de l'Élysée. Un silence glacial accueille les « exploits » des « compagnons ».

Un courtisan essaie de briser la glace.

– Mon général, ce film est admirable. Cette population qui garde son calme durant les combats… Cette terrasse de café où les habitués continuent à jouer à la belote…

Le Général hausse les épaules :

– La belote ! *(Un temps.)* Eh oui, ils n'ont fait que ça [2]…

■

Quatrième République. La France est en ruine et les partis politiques se disputent.

De Gaulle observe :

– Chacun cuit sa petite soupe, à petit feu, dans son petit coin[3]...

■

La guerre d'Algérie a ramené de Gaulle au pouvoir. Incurable romantique, André Malraux rêve de lendemains qui chantent :

– Mon général, vous avez enfin les mains libres ! Les Français ont besoin d'idéal. Seul le gaullisme peut étancher leur soif d'absolu...

De Gaulle ne se laisse pas impressionner :

– Voyons, Malraux ! Les Français, je les connais... Avec *votre* absolu, ils se saouleraient la gueule[4]...

■

« Tout Français désire bénéficier d'un ou de plusieurs privilèges. C'est sa façon d'affirmer sa passion pour l'égalité. »

■

Août 1965. De Gaulle a été réélu et la DS présidentielle fonce vers un repos mérité à Colombey. Elle croise la longue procession des « vacanciers ». Décapotables, caravanes, remorques se ruent vers le soleil.

– Regardez, Charles, dit Mme de Gaulle. Admirez cette joie de vivre… Tous ces gens qui vont vers le Sud…

Le Général lève le nez de son journal :

– Ouais… comme en 40[5]…

■

Phrase faussement attribuée au général de Gaulle par son entourage :

– J'aime la France mais je n'aime pas les Français.

■

Une fois de plus, de Gaulle a convoqué un ministre pour lui affirmer avec vigueur qu'il n'a jamais dit : « L'intendance suivra. »

Il se penche, affectueux, vers le courtisan :

– Est-ce que je ne veille pas, moi, à ce que la soupe soit bonne[6] ?

■

Mai 68. Le flot de la révolte estudiantine déferle sur la France. Les universités sont occupées. Les usines s'arrêtent. Les CRS chargent.

De Gaulle refuse d'annuler son voyage chez ce grand démocrate qu'est le président roumain Ceaucescu.

De retour à Paris, il découvre la joie de la jeunesse, l'espoir des ouvriers.

Jugement :

– La chienlit !

■

La droite frileuse et conservatrice s'est abritée derrière de Gaulle après son escapade à Baden chez le général Massu. Pourtant rien ne va plus.

Un « compagnon » arrive à l'Élysée consulter de Gaulle sur ce nouveau malheur.

Diagnostic :

– Eh oui, la France va mal ! *(Une pause.)* Je vieillis...

VI

Tante Yvonne, Jackie et les autres

Le plus beau des faux mots sur le général de Gaulle.

La scène se passe à l'Élysée. Mme de Gaulle et le Général sont assis devant la télévision. En ces temps reculés, les programmes s'arrêtent lorsque sonne minuit. La mire se rétrécit, l'écran devient noir et *La Marseillaise* retentit.

« Tante Yvonne » se penche tendrement vers son mari :

– Charles, *notre chanson*[1]...

■

La belle Jackie Kennedy est toute à la joie de papoter avec le monstre sacré de l'Occident. Nullement impressionnée – ô riche et puissante Amérique! – par le Général, elle lui raconte sa vie. Après avoir égrené quelques souvenirs d'enfance, elle aborde allégrement le chapitre de sa famille :

– Vous savez, général, que ma famille est d'origine française ?...

– Eh bien ! La mienne aussi !

■

Dîner de « têtes » à l'Élysée. À la droite de De Gaulle est assise la femme d'un ambassadeur étranger.

Avec une technique née d'une longue expérience, le Général éblouit d'abord la dame par la description de la tapisserie accrochée au mur d'en face. Ensuite...

– Et vous avez fait, n'est-ce pas, madame, de nombreux voyages à l'étranger ?

La dame prend aussitôt un excellent départ. L'Asie, les Amériques : les postes de son mari défilent. La voici à l'Australie. Tout y passe : la faune, le flore, les habitants...

Le Général *(incommodé)* :

– Et il paraît, madame, qu'il y a aussi... des kangourous !

■

Timide et réservée, la jeune femme d'un nouveau ministre essuie le mépris de la Cour élyséenne.

Un soir de réception, elle souffre, seule dans un coin, pendant que sa modeste robe sert de pâture aux élégantes. De Gaulle juge la situation. Il s'avance vers ces dames. Suspense.

– Et comment va cette chère madame N. ? demande le Général en débarrassant, avec sollicitude, Cendrillon de sa tasse de café.

– Bien, général, articule une voix fluette et étranglée.

Et, dans un élan soudain :

– Je vais bien, général, mais j'ai toujours la même robe !

– Eh bien *(long regard sur les riches toilettes de Dior ou de Balenciaga)*, cela prouve, au moins, qu'elle vous appartient[2]...

■

Pour alimenter sa politique de prestige, de Gaulle fait feu de tout bois et les souveraines chères à la presse du cœur se bousculent à Paris.

La visite d'une de ces reines revêt un faste particulier. Mais, si le tout-Paris se presse à la réception, la belle brille par son absence.

La Cour papote et s'interroge. La robe de Son Altesse serait-elle la cause de son retard ? Ou sa savante coiffure ? Ou son parfait maquillage ? Plus les minutes passent et plus la Cour s'extasie.

De Gaulle fait signe à son aide de camp. Et, tonitruant :

– *Alors ! elle arrive cette dinde*[3] ?

■

Brigitte Bardot est à son zénith. Brigitte Bardot vient de tourner *Babette s'en va-t-en guerre* et elle est invitée à l'Élysée. Comme le film évoque l'épopée de la France libre, la star s'est fait coudre une robe ressemblant à un uniforme.

De Gaulle l'aperçoit, blonde, kaki et souriante, dans la file de ses invités. L'armée lui a déjà causé quelques soucis.

Alors :

– Tiens ! Un militaire sympa[4]...

■

Une épouse de ministre ose poser « la question » :

– Général, que pensez-vous de Brigitte Bardot ?

De Gaulle réfléchit un instant sur le *sex symbol* des rigoureuses années cinquante :

– Cette dame… a une simplicité de bon aloi…

■

Les survivants de la France libre sont reçus à l'Élysée. Et tous d'essayer d'accaparer le grand homme qu'ils ont tenu sur leurs genoux.

– Moi, lance une vieille dame qui croule sous les décorations, moi, mon gaullisme date du 18 juin 40 !

– Il y a mieux, dit le Général.

Et, désignant d'un geste solennel la timide « tante Yvonne » :

– Voilà la première femme gaulliste de France…

■

Voyage officiel en Alsace.
Une jeune fille, timide et rougissante :
– Mon général, je vous ai toujours aimé !
De Gaulle :
– Eh bien… c'est du propre[5] !

■

Un vieux curé :
– Mon général, je vous ai marié en 1921…
De Gaulle :
– Je ne vous en veux pas[6] !

■

Robert Lassus raconte :
Un intime s'interroge, désarçonné par la complexité du personnage historique qui se trouve en face de lui :
– Mon général, mais qui êtes-vous donc ?
Le Général, superbe :
– Je suis le mari de Mme de Gaulle[7].

■

Les « rois nègres » participent également à la gloire du Prince et à ses fêtes. On murmure pourtant que le président du Gabon, M'Ba, a mangé sa belle-mère au cours d'un déjeuner rituel.

La réception se déroule à merveille. De Gaulle observe la jeune femme du « cannibale » :

– Elle est mignonne à croquer[8]...

■

Tempête à l'Élysée. Un danseur russe passe à l'Ouest et se confie à la CIA américaine. Les ballerines du Bolchoï travaillent, comme lui, pour le KGB. Elles ont reçu pour mission de séduire l'ambassadeur de France à Moscou qui, du coup...

De Gaulle s'indigne. Jamais il ne tolérera que... les contre-espions français enquêtent sur *ses* diplomates. Il tirera lui-même l'affaire au clair et passera le savon qui s'impose au possible espion.

Blême, l'ambassadeur pénètre dans l'auguste bureau :

– Alors, Dejean, *on baisouille*[9]... ?

■

Durant son passage à la Maison-Blanche, Jackie Kennedy s'est fait une réputation de protectrice des beaux-arts et des belles-lettres. Elle se remarie avec l'armateur grec Onassis. Étonnement du Général :

– Tiens, j'aurais pensé qu'elle aurait épousé… Jean-Paul Sartre[10]…

■

La plaisanterie préférée du Général.

D'après Robert Lassus, Mme de Gaulle aime raconter les aventures de sa mère, Mme Vendroux, durant la Première Guerre mondiale. Infirmière dans un hôpital militaire, elle se penche sur la feuille de maladie d'un blessé.

– Vous vous appelez bien Lecoq ? C.O.Q ?

– Non, madame … c'est au bras…

Le Général rit toujours[11].

VII

Quand un général rencontre un aut' général

« La pire calamité après un général bête… c'est un général intelligent. »

■

1940, Campagne de France. Pendant les trois jours de l'offensive victorieuse des blindés de De Gaulle dans la Somme, un officier déplore les exactions de la troupe :

– Mon général ! C'est intolérable ! Les soldats vont jusqu'à dépouiller de leurs bottes les Allemands pris au combat !

– Eh bien !… ils ont raison ! Quand on est prisonnier… on n'a pas besoin de chaussures !

■

1943. Après les combats solitaires de la France libre – sur lesquels on ne trouve aucun « mot » –, de Gaulle accepte de partir pour Alger. Il faudra supporter Giraud, mais…

– Mon général, pensez à tout ce potentiel qui vous attend : l'armée d'Afrique du Nord, les classes à mobiliser…

– Ouais. Et il y aussi à Alger cent quarante-trois généraux. *(Un long temps de réflexion.)* De quoi perdre dix guerres[1] !

■

À Alger, le calvaire commence. Déjà que de Gaulle n'aime pas beaucoup les généraux, mais alors quand ils ont été vaincus…

– En 1940, gronde l'homme du 18 Juin, je m'étais assis sur la défaite. Et voilà maintenant qu'il faut que je siège à ses côtés[2].

■

Jean-Raymond Tournoux raconte un de ces conclaves de généraux :

Le brave général Georges expose « son » grave problème : au nom de qui décorer les soldats de l'armistice ?

Le général Georges :

– La prise d'armes était commencée. Pour gagner du temps, je tirai lentement mon épée du fourreau…

De Gaulle :

– Et vous vous êtes empressé de l'y remettre[3]…

■

De Gaulle commente son triomphe sur Giraud, le général aux si belles moustaches :

– J'aurais bien voulu ne pas plumer le pauvre homme, mais… le moyen de s'en défendre[4]…

■

De retour sur le sol français, un responsable américain vient se plaindre du caractère « aventureux et indiscipliné » du général Leclerc.

De Gaulle le rabroue :

– Leclerc a toujours fait ce que je lui demandais *(pause)*, même quand je ne lui demandais rien…

■

La conversation roule sur la bravoure et quelqu'un cite en exemple la fougue et l'héroïsme de Leclerc.

De Gaulle soupire :

– Leclerc ? Mais c'est un lapin…

Le Général s'interrompt, rêve de champs de bataille. Alors :

– Un lapin ? Il fait comme nous tous… *Il se domine*[5]…

■

Du maréchal de Lattre de Tassigny :

– Quel fer de lance ! Dommage qu'on en perde parfois le manche !

■

La guerre est terminée. Un brave de la France libre abreuve de Gaulle de ses conseils :

– Mon général, il n'y a qu'à… Mon général, il faut qu'on…

De Gaulle toise son « compagnon » :

– Vous êtes un héros, Barberot. *(Un long temps.)* Mais les héros ça devrait être mort…

■

Du général Eisenhower :

– Un besogneux de génie.

■

Du maréchal anglais Montgomery :

– Ce n'est pas un soldat, c'est un acteur. Mais il joue tellement bien la comédie du chef qu'il arrive à s'identifier à son personnage…

■

Du maréchal soviétique Joukov :
– Un boucher.

■

1945. Si la guerre s'éteint en Europe, elle reprend en Indochine. De Gaulle envoie l'amiral Thierry d'Argenlieu rétablir l'ordre. La vigueur du moine-soldat – d'Argenlieu est un carme dans le civil – provoque des réactions :

– Mon général, l'amiral brûle des villages entiers…

– Pensez-vous ! Thierry n'a jamais rien brûlé, sauf les cierges[6]…

■

Une guerre coloniale chasse l'autre. À Alger, de Gaulle affronte le FLN. Il lui offre la « paix des braves ». Un militaire s'indigne.

Réplique :

– Tous les bandits algériens – et Dieu sait s'il y en a – sont fellaghas, mais tous les fellaghas ne sont pas des bandits…

■

À un groupe de jeunes officiers :

– Foutez-moi la paix avec votre guerre révolutionnaire ! On ne peut à la fois manier la mitraillette, monter en chaire et donner le biberon[7] !

■

Le biberon de l'Algérie française ayant séduit le général Challe, un putsch éclate à Alger.

Diagnostic :

– Ce sont des militaires... Ils s'empêtreront[8]...

■

Des pieds-noirs rassemblés derrière le « quarteron » :

– Il leur fallait un imbécile. Ils ont choisi un général[9].

■

À propos du putsch d'avril : Le grave dans cette affaire, c'est qu'elle n'est pas sérieuse [10].

■

L'OAS met l'Algérie à feu et à sang. Si la Cour tremble de peur et de haine, c'est avec une certaine tendresse que des vieux gaullistes de la France libre parlent des « soldats perdus » :

– Ah ! soupire un jour un briscard. Quel soldat que le commandant de Saint-Marc ! Et Salan…

De Gaulle sursaute :

– Salan, un soldat perdu ? Non : un général paumé [11]…

■

En pleine crise algérienne, de Gaulle revient apaisé d'une cérémonie à l'Arc de triomphe.

– Au fond, soupire-t-il, il n'y a de tranquille que… le soldat inconnu [12].

■

Après le cessez-le-feu, l'Algérie est transitoire. Pour maintenir l'ordre – ou, au choix, pour contenir le désordre –, la France a créé une « force locale » de soldats musulmans. Mais l'indépendance arrive et ces braves sont sur le sable. Le ministre Louis Joxe se précipite à l'Élysée :

– Mon général, les ATO ne touchent plus leur solde…

– Les quoi ?

– Les ATO, mon général. Auxiliaires temporaires occasionnels…

– Et c'est avec un nom pareil qu'ils s'attendent à être payés[13] ?

■

Chat échaudé craint l'eau froide. Après la mésaventure en Algérie, quelqu'un propose de nommer un civil « délégué général » d'on ne sait trop quoi.

De Gaulle sursaute :

– Délégué, peut-être. Général, jamais[14] !

■

Le général médite sur son expérience algérienne :

– L'armée ne s'engage que pour des conneries ! Avant-hier, Dreyfus. Hier, Pétain. Et, pour terminer, l'OAS et l'Algérie française…

■

La décolonisation enfin close, l'armée française ne se bat plus aux quatre coins du globe. Un 14 Juillet, après les contretemps propres à tout défilé militaire, voilà qu'à hauteur de la tribune présidentielle un mouvement nettement ondulatoire déforme le rang de ses fantassins.

De Gaulle hoche la tête :

– Et ça fait deux mille ans que ça dure !

VIII

Silences gaulliens

L'épouse de Pierre Messmer, l'énergique Gilberte, aimait raconter comment, émue de rencontrer de Gaulle, elle lui avait lancé, un jour, un sonore : « Bonsoir, madame. »

De Gaulle l'avait regardée, et :

– Mes respects, mon général.

Il est arrivé cependant que Charles de Gaulle n'ait pas trouvé de réplique : le meilleur torero peut prendre un coup de corne. Il est amusant alors d'imaginer l'immense statue au ventre proéminent, debout et silencieuse, échouée comme une baleine sur les plages de l'humour.

■

1944. Libération de Lyon. Étonné, de Gaulle détaille les mines patibulaires et les tenues dépenaillées des « personnalités » que lui présente le commissaire de la République Yves Farge.

– Mais, Farge, où sont donc les corps constitués ?

– En prison, mon général[1] !

■

« Qu'il est difficile, pense le fidèle Bonneval, d'être à la fois l'aide de camp du Général et le père de huit enfants ! » Un coup de sonnette impératif le tire de sa méditation. En courant, Bonneval traverse un salon, tire une porte, salue, reçoit un ordre. « Ah, où en étais-je ? La première communion du petit aura lieu le… » Nouveau coup de sonnette. Bonneval repart en trombe. « Je disais donc : semaine prochaine, anniversaire de mariage. Ne pas oublier les fleurs… »

Encore un coup de sonnette. N'écoutant pas sa fatigue, l'aide de camp se précipite. Ouvre la porte. S'immobilise au garde-à-vous.

Et d'une voix de stentor :

– Mes respects… *mon chéri*[2] !

■

Le colonel Rémy, le meilleur agent secret de la France libre, a été l'un des proches des De Gaulle à Londres. Il a foncé tête baissée dans l'aventure du Rassemblement. L'ingratitude gaullienne le frappe néanmoins de plein fouet. Il décide de partir s'installer au Portugal.

– Pourquoi choisir Salazar ? s'inquiète de Gaulle.

– C'est également un grand homme…

Et Rémy ne peut résister :

– Mais lui n'est pas orgueilleux[3]…

■

Louis Vallon est l'enfant terrible du gaullisme. Il professe des idées de gauche. Il tient tête au Général. Il ne dédaigne pas la divine bouteille.

De Gaulle invite à dîner le mouton à cinq pattes.

– Alors, Vallon, vous buvez toujours autant ?

– En tout cas, pas chez vous, mon général[4].

■

De Gaulle reçoit un compagnon de la Libération. Affectueux, il se tourne vers la femme du héros de la France libre.

– J'aime beaucoup votre mari, madame.

Le cri fuse, enthousiaste :

– Moi aussi[5] !

■

Le faux silence du Général.

Massu s'immobilise devant de Gaulle dans un impeccable garde-à-vous.

– Alors, Massu, toujours aussi con ?

– Toujours aussi gaulliste, mon général[6] !

■

Deux chefs d'État africains arrivent ensemble à une réception élyséenne. Drapé dans une belle soutane rose vif, l'abbé Fulbert Youlou discute ardemment avec son ami Houphouët-Boigny.

L'aboyeur de l'Élysée jette un coup d'œil blasé sur les deux hommes.

Et proclame à de Gaulle :

– Monsieur Houphouët-Boigny… et Madame[7] !

■

De Gaulle est irrité par les signes exagérés de dévotion dont l'abreuvent les chefs d'État africains. L'« Empereur » Bokassa est particulièrement révérencieux. Alors :

– Je vous en prie, Bokassa, ne m'appelez plus Papa !

L'empereur ne peut qu'obéir :

– Oui, Papa[8] !

■

La popularité du Général est immense en Afrique. Sur son passage, des centaines d'enfants brandissent des petits drapeaux français. Et crient à pleins poumons :

– Papa de Gaulle !… Papa de Gaulle !…

« Tante Yvonne » se tourne vers son auguste mari :

– Charles ! Vous m'en cachez des choses[9]...

■

Homme du monde raffiné, l'ambassadeur Dennery se méfie de son incurable distraction. Assis à la droite de Mme de Gaulle, il mobilise toute sa vigilance :

– Mon cher ambassadeur, vous revenez de Tokyo ?

– Oui, madame. Cette ville est délicieuse. Vous l'aimeriez certainement...

– Saviez-vous que nous avons failli y aller ?

– J'ignorais ce détail, madame.

Pendant que l'Excellence fouille dans sa mémoire, Mme de Gaulle se tourne vers le Général :

– Vous vous souvenez quand vous deviez être nommé attaché militaire en Extrême-Orient ?

Le distrait diplomate se laisse surprendre. Il demande :

– Quand ça ? Après *la Libération*[10] ?

■

Beaucoup d'eau a coulé sous les ponts du gaullisme. En l'an de grâce 1968 – mauvais millésime –, un notable débite son compliment au président de la Cinquième République :

– Et nous saluons en vous, mon général, l'homme de l'Appel… du 18 *mai*[11]…

■

Les petits-neveux et neveux du Général sont élevés dans le culte de Sa gloire. En ces temps reculés, nous sommes à l'heure de Fausto Coppi, Robic ou Poulidor – « un nom de Premier ministre », ironise, sous Pompidou, la méchanceté de la Cour. Il existe même, chez les rois de la « petite reine », un certain… Charlie Gaul.

Ébloui, un bambin interroge :

– Et, mon oncle, vous avez gagné aussi le Tour de France[12] ?

■

De Gaulle accorde audience à l'avionneur Marcel Dassault.

On parle – bien sûr – avions et fusées. Mirages et Mystères sont à l'honneur, quand, soudain, le milliardaire n'y tient plus :

– Dites-moi, mon général, lâche-t-il de sa voix qui croasse si bien.

– …

– Ça gagne combien, un président de la République[13] ?

■

De Gaulle passe en revue les survivants de la Première Guerre mondiale. Soudain, au milieu des vieillards couverts de décorations, il repère une tête connue :

– Il y a cinquante ans !… Arras !… Nous étions ensemble au 33e RI…

Le vieux le dévisage longuement :

– Tiens, de Gaulle ! Que deviens-tu[14] ?

Notes

Préface

1. Jean-Michel Royer, *Les Petites Malices du Général*, Balland, 1990.
2. *Un espion dans le siècle*, Plon, 1994.
3. Jean-Michel Royer, *op. cit.*, p. 97.
4. *Ibid.*, p. 128.

Mode d'emploi du livre

1. Extrait de la préface des *Mots du Général* d'Ernest Mignon, Fayard, 1962.

I. De Gaulle dans l'Histoire

1. Ernest Mignon, *Les Mots du Général*, Fayard, 1962. Les mots qui ne font pas l'objet d'une note proviennent tous de ce recueil. D'après Jean-Michel Royer, ce grand classique de l'humour gaullien, « Eh bien, ils ont eu tort », serait dû à Emmanuel d'Astier de la Vigerie. Il sonne pourtant plus vrai que le vrai.

2. Raconté par le général Pierre Billotte.

3. Ernest Mignon, *Les Nouveaux Mots du Général* (ouvrage censuré en 1965).

4. L'anecdote figure dans les *Mémoires de guerre* de Charles de Gaulle (p. 63), qui écrit de Staline : « Si âpre était sa passion qu'elle transparaissait souvent, non sans une sorte de charme ténébreux. » Les victimes du Goulag apprécieront.

5. Jean-Michel Royer, *op. cit.*, p. 172-173. Cité également par Claude Mauriac, Michel Droit et bien d'autres.

6. *Les Nouveaux Mots du Général.*

7. Charles de Gaulle, *Mémoires de guerre*, t. III, p. 33.

8. *Les Nouveaux Mots...*

9. Rapporté par Gaston Palewski, *Mémoires d'action*, Plon, 1988, p. 140.

10. Jean-Raymond Tournoux, *Pétain et de Gaulle*, Plon, 1963. Cité *in Les Nouveaux Mots...*

11. *Les Nouveaux Mots...*

12. Ce chef-d'œuvre de *Gaulliana* a été déniché par Jean-Michel Royer, *op. cit.*, p. 175.

13. *Les Nouveaux Mots...*

14. *Ibid.*

15. Jean-Michel Royer, *op. cit.*, p. 19.

16. *Les Nouveaux Mots...*

17. *Ibid.*

18. *Ibid.*

19. *Ibid.*

20. *Ibid.*

21. *Ibid.*

22. *Ibid.*
23. *Ibid.*
24. *Ibid.*
25. *Ibid.*
26. *Ibid.*
27. *Ibid.*
28. Jean-Michel Royer, *op. cit.*, p. 202.
29. Inédit à ma connaissance.
30. André Malraux, *Les Chênes qu'on abat*, Gallimard, 1971, p. 200.
31. Ce mot a été incorrectement situé par Frédéric Barreyre (pseudonyme de Philippe Ganier-Raymond) pendant les journées de mai 1968 lorsque les barons du gaullisme commençaient à douter des avantages que pouvait continuer à leur apporter le Dieu vivant (*Les Derniers Mots du Général*, Grasset, 1971). D'après mon enquête, le mot – parfaitement gaullien – a bien été prononcé à Colombey.

II. Mon général chez les politichiens

1. Ce mot a été rapporté par Jules Moch dans ses mémoires, *Une si longue vie*, Plon, p. 203, et maintes fois raconté à des confidents, notamment au remarquable commentateur politique Jean Ferniot, qui s'en souvient dans *Je recommencerais bien*, Grasset, 1991, p. 167.
2. Cité par Jean-Michel Royer, *op. cit.*, p. 31, et par Jean Ferniot, *op. cit.*

3. *Les Nouveaux Mots du Général.*

4. *Ibid.* Il serait tentant de révéler le nom, mais le personnage, toujours vivant, est tellement émouvant !

5. Jean Ferniot (*op. cit.*, p. 172) tient le mot de Stanislas Fumet.

6. *Les Nouveaux Mots du Général.* Ce grand classique de la Quatrième République n'est peut-être pas dû à de Gaulle. On ne prête qu'aux riches.

7. *Les Nouveaux Mots...*

8. *Ibid.*

9. Grand classique de la Quatrième (cf. Jean Ferniot, *op. cit.*, p. 195), peut-être dû à d'autres qu'à de Gaulle.

10. *Les Nouveaux Mots...*

11. D'après Jean-Michel Royer, ce mot sublime aurait été proféré à Londres. Je maintiens la version d'Ernest Mignon dans *Les Mots du Général* de 1962. En tout cas, l'authenticité est indiscutable.

12. *Les Nouveaux Mots...*

13. Jean Ferniot, *op. cit.*, p. 256.

14. *Les Nouveaux Mots...*

15. Ce mot m'a été rapporté à chaud par le plus proche collaborateur d'un ministre encore sous le choc. Il sera intéressant de voir si l'anecdote figurera dans les entretiens avec de Gaulle qu'Alain Peyrefitte, devenu académicien, promet de publier depuis près d'un quart de siècle.

16. Ce mot, prémonitoire à bien des points de vue, figure dans *Les Nouveaux Mots du Général*, ouvrage qui a été, rappelons-le, censuré en... 1965.

17. Il est impossible de garantir l'authenticité absolue

de ce mot, inédit à ma connaissance. Le thème du « Borgia gentilhomme » est pourtant bien une constante de l'humour gaullien. Mais a-t-il été effectivement appliqué à Georges Pompidou ?

III. Un grand parmi les grands

1. Je garantis l'authenticité de cette anecdote qui fit scandale lorsque Ernest Mignon la publia en 1962 dans *Les Mots du Général.* La Cour gaulliste proclama que c'était là un bel exemple de « fabrication ». Or ce récit se trouve dans la note rédigée par Constantin Melnik à l'intention de John Kennedy, qui avait demandé de connaître, avant sa rencontre de Vienne avec Khrouchtchev, les impressions de De Gaulle sur le maître du Kremlin. (Constantin Melnik, *Mille Jours à Matignon*, Grasset, 1985, p. 306.)

2. Jean Ferniot, *op. cit.*, p. 292.

3. *Les Nouveaux Mots du Général...*

4. *Ibid.*

5. *Ibid.*

6. *Ibid.*

7. *Ibid.* Impossible, de nouveau, de garantir l'authenticité de ce mot. Certes, le thème du « combat fratricide » – entre imbéciles, entre cons, etc. – est une constante gaullienne. Appliqué à bien des « compagnons », on ne peut savoir avec certitude s'il l'a été à l'égard du président Kennedy.

8. *Les Nouveaux Mots...*

9. Marcel Jullian, *Madame de Gaulle*, Stock, 1982, p. 241.

10. *Les Nouveaux Mots...*

11. Ce mot provient de cet excellent connaisseur de l'intimité gaullienne qu'est Robert Lassus qui, jeune journaliste dans le Pas-de-Calais, a eu un accès privilégié à la famille de Mme de Gaulle et a publié un charmant *Le Mari de Madame de Gaulle* (Jean-Claude Lattès, 1991, p. 130).

12. *Les Nouveaux Mots...*

13. Jean Lacouture, *De Gaulle*, t. II., p. 339.

14. Robert Lassus, *op. cit.*, p. 153.

15. *Les Nouveaux Mots...*

16. *Ibid.*

17. *Ibid.*

18. *Ibid.*

19. *Ibid.*

20. *Ibid.*

21. *Ibid.*

22. Raconté par Eugène Mannoni dans *Le Point*, 5 septembre 1988.

IV. Le Roy et sa cour

1. Ce mot a été rapporté par Maurice Schumann à Jean Ferniot, *op. cit.*, p. 168.

2. *Les Nouveaux Mots...*

3. *Ibid.*

4. Jean Ferniot, *op cit.*, p. 170. D'après ce brillant commentateur politique, cette phrase aurait été lancée à de Lattre alors que de Gaulle aurait fait mettre le futur maréchal au garde-à-vous. Ce détail-là paraît peu plausible.

5. *Les Nouveaux Mots…*

6. *Ibid.*

7. *Ibid.*

8. *Ibid.*

9. *Ibid.*

10. *Ibid.*

11. *Ibid.*

12. *Ibid.*

13. *Ibid.*

14. « Le seul vrai ministre des Finances que j'ai eu », d'après Anne et Pierre Rouanet (*Les Trois Derniers Chagrins du général de Gaulle*, Grasset, 1980, p. 196).

15. *Les Nouveaux Mots…*

16. L'authenticité de cette scène décrite par Ernest Mignon en 1962 est confirmée par le ministre Pierre Sudreau (Robert Lassus, *op.cit.*, p. 179).

17. *Les Nouveaux Mots…*

18. Robert Lassus, *op. cit.*, p. 120. En raison des liens de l'auteur avec la famille du général de Gaulle, ce mot – qui peut sonner faux aux oreilles des courtisans gaullistes – a de grandes chances d'être parfaitement authentique.

19. *Les Nouveaux Mots…*

20. *Ibid.*

21. D'après Jean-Michel Royer *(op. cit.)*, l'interpellateur aurait été Dominique Pado, journaliste à *L'Aurore* et périodique député d'extrême-droite.

22. *Les Nouveaux Mots...*

23. *Ibid.*

24. *Ibid.*

V. La France et son sauveur

1. Confidence faite à Edmond Michelet et racontée par son fils Claude Michelet (*Mon père Edmond Michelet*, Laffont, 1991, p. 227).

2. Saynète mise en scène par Claude Dulong dans *La Vie quotidienne de l'Elysée sous Charles de Gaulle*, Hachette, 1974, p. 202.

3. Charles de Gaulle, *Discours et Messages, 1946-1958*, Plon, p. 127. La citation exacte est : « Les partis, qui ont bâti eux-mêmes le régime sous lequel nous vivons, s'évertuent, comme il est naturel, à persévérer dans leur être et s'efforcent de prolonger le système selon lequel *chacun cuit sa petite soupe, à petit feu, dans son petit coin*.» On ne peut donc juger si cette aimable appréciation s'applique seulement aux partis politiques ou à l'ensemble des Français.

4. *Les Nouveaux Mots...*

5. *Ibid.*

6. *Ibid.*

VI. Tante Yvonne, Jackie et les autres

1. Cette perle, souvent exhibée dans les milieux gaullistes, est enchâssée par Jean-Michel Royer (*op. cit.*, p. 256).

2. *Les Nouveaux Mots*... Censurée en 1965, cette charmante anecdote se retrouvera bien plus tard chez Claude Dulong (*op. cit.*, p. 261), ce qui prouve son authenticité.

3. *Les Nouveaux Mots*...

4. Différentes versions circulent quant à cette anecdote, la plus simple – « Enfin un militaire » – se trouvant chez Claude Dulong, *op. cit.*

5. *Les Nouveaux Mots*...

6. Robert Lassus, *op. cit.*, p. 52.

7. *Ibid.*, p. 67.

8. Jean Ferniot, *op. cit.*, p. 292. Quelle que soit la qualité de l'auteur, ce mot ne saurait être authentique

9. Inédit. Archives de Constantin Melnik.

10. Jean-Michel Royer, *op. cit.*, p. 147.

11. Robert Lassus (*op. cit.*, p. 98), qui fut, rappelons-le, un intime de la famille de Mme de Gaulle.

VII. Quand un général rencontre un aut' général

1. *Les Nouveaux Mots*...

2. *Ibid.*

3. *Ibid.*

4. *Ibid.* À lire ces mots, on ne peut que s'étonner qu'ils aient été censurés.

5. Rapporté par Claude Mauriac, *Un autre de Gaulle*, Grasset, 1970.

6. *Les Nouveaux Mots...*

7. *Ibid.*

8. Rapporté par Jean Planchais et Jacques Fauvet, *La Fronde des généraux*, Arthaud, 1961.

9. *Les Nouveaux Mots...*

10. Jean Planchais et Jacques Fauvet, *op. cit.*

11. *Les Nouveaux Mots...*

12. *Ibid.*

13. *Ibid.*

14. *Ibid.*

VIII. Silences gaulliens

1. *Les Nouveaux Mots...*

2. *Ibid.*

3. *Ibid.*

4. *Ibid.*

5. Raconté par l'amiral Évenou.

6. *Les Nouveaux Mots...*

7. *Ibid.*

8. Grand classique dont l'authenticité ne peut être garantie.

9. Robert Lassus, *op. cit.*, p. 151.

Notes

10. *Les Nouveaux Mots…*
11. *Ibid.*
12. Robert Lassus, *op. cit.*, p. 102.
13. *Les Nouveaux Mots…*
14. Robert Lassus, *op. cit.*, p. 55.

Table

Composition : Charente Photogravure à l'Isle-d'Espagnac
Impression : Aubin Imprimeur à Ligugé

Achevé d'imprimer en octobre 1994
N° d'édition : 14043
N° d'impression : L 46696
Dépôt légal : novembre 1994